趙尺子著

趙尺子先生全集

第五冊 謀略戰

文史哲出版社印行

國家圖書館出版品預行編目資料

趙尺子先生全集 第五冊：謀略戰/ 趙尺子
著. -- 初版 -- 臺北
市：文史哲, 民 108.06
頁； 公分
ISBN 978-986-314-473-1（平裝）

1. 論叢

078 108008747

趙尺子先生全集 第五冊

謀　略　戰

著　者：趙　尺　子
出 版 者：文　史　哲　出　版　社
http:// www.lapen.com.tw
e-mail：lapen@ms74.hinet.net
登記證字號：行政院新聞局版臺業字五三三七號
發 行 人：彭　正　雄
發 行 所：文　史　哲　出　版　社
印 刷 者：文　史　哲　出　版　社
臺北市羅斯福路一段七十二巷四號
郵政劃撥帳號：一六一八〇一七五
電話886-2-23511028・傳真886-2-23965656

九冊 定價新臺幣三〇〇〇元

民國一〇八年（2019）六月初版

ISBN 978-986-314-473-1 08982

趙尺子先生全集　總　目

趙尺子先生著

國防部審定
陸軍總司令部頒行

謀略戰

張鐵君題

柯序

「謀略戰」是一種艱巨繁重的課目，也是從來還未有的課目。因為「謀略」的範圍很廣，孫子曰：「兵者，詭道也」，這就說明所有兵法的範疇均屬「謀略」。因此在過去沒有「謀略戰」這一專門課目，我也從來未曾學習過。

今趙尺子先生將「謀略戰」講稿見示，並囑余為序，乃細讀一番，深覺其取材豐富，見解正確，尤其將廣泛的「謀略戰」歸納成為有系統有方法很簡明的學問，這是很難得的，亦足徵趙先生用功之勤，實為中國兵學放一異彩。

孫子曰：「上兵伐謀，其次伐交，其下攻城。」又曰：「百戰百勝，非善之善者也；不戰而屈人之兵，乃善之善者也。」再曰：「廟算勝者，得算多也。」由此即可知「謀略」的重要，這是戰爭勝敗的契機。

趙先生將「謀略戰」從原理而變爲實踐的原則，這是始創，這是一種大膽的嘗試。自然，「謀略戰」的範圍很廣，是很難將其歸納成爲簡單原則的。但趙先生將「謀略戰」的分類，區分爲「戰略性的謀略戰」和「戰術性的謀略戰」，這是深得「謀略戰」的奥秘。蓋戰術以上的領域才屬於「謀略戰」的範圍，戰鬬則純屬於技術範疇之內。

趙先生又將「謀略戰」運用，提出幾個基本原則，這也是不容易的事。趙先生將「謀略戰」的運用，提出了四個基本原則：一曰貴因原理的運用，二曰造亂原理的運用，三曰隱體原理的運用，四曰備物原理的運用。所謂貴因原理的運用，這是「因敵致勝」，「謀略戰」的基本原則。「謀略」的運用，自然首應基於敵情來決定。所謂造亂原理的運用，「謀略」的至高目的，在造成敵人的混亂，孫子曰：「亂而取之」，取敵之道，在使敵人先行混亂，亦即所謂使敵人失去心靈和物理的平衡，尤其是心靈的平衡最爲重要。所謂隱體原理，「謀略」欲求生效，必須使敵不知不覺才能生效，孫子曰：「見勝不爲衆人所知，乃善之善者也。」勝兵不爲衆人所知，亦才是致勝之道。所謂備物原理的運用，這是求諸己的工作，這是「勝兵先勝而後求戰」的道理。正如孫子說的：「毋恃其不來，恃吾有以待之，毋恃其不攻，恃吾有所不可攻也。」當然這也是屬於「謀略」範疇之內的事。這確實是將謀略運用的原則，簡要而無遺的列舉出來了。

趙先生於本書出版之日，囑余爲序。余雖不學無術，惟此乃歷史創作，爲欽佩趙先生之博學，又不能無言。

中華民國四十七年四月柯遠芬序於金門防次

趙序

將之道曰：智仁勇；又曰：智信仁勇嚴：壹是皆以智爲首要。蓋軍事以利動，貴機先，創意之奇，運用之妙，皆非智者莫辦。純軍事如此，進而範圍更廣闊事物更複雜之大戰略乃至政略，更莫不如此。楚漢相爭，劉季窮蹙一隅，以弱敵強，而鬪智不鬪力，終令項羽授首。故趙充國言：「兵以全取勝，是以貴謀而賤戰。」美國二次大戰名將布萊德雷坦率自供：「吾四人皆純軍人，生長於兩洋保險箱內。吾人之教育訓練得一觀念，即戰爭就是戰爭，和平就是和平。至於冷戰觀念，其陌生程度，對吾人一如一般美國人。」斯眞純軍人之哀鳴，此一時代之悲劇也！誠以死生之道，存亡之地，幼稚魯莽，固足僨事；而愚昧無知，更註定失敗無疑。居嘗檢討吾人失掉大陸之故，誠如德國哲人菲希德所謂：「負其咎者，由於全體，由於時代，由於膚淺與怯懦，由於以上諸種之不可分離之結果。」一言以蔽之曰：鬪智失敗而已。近中獲讀俄共政治局的「作戰典範」一書，其論詐術一章，首揭「布爾雪維克的理論：強調對敵運用詐術之策略。同時強調忽視此種策略之危險。」更可得一反證也，明矣。

遼西趙尺子先生，吾黨之振奇士也！九一八後，蒙疆多故，尺子領導青年，縱橫大漠，前後十餘年，與敵僞鬪智，屢建奇功，如綏東大捷，如奉移成吉思汗陵，其尤著者。抗戰中，中共游而不擊，襲擊國軍，陰謀顚覆。中外喧騰，莫衷壹是。尺子著「中共論綱」，獨具隻眼，指陳中共非政黨，非土匪，更非軍閥，乃俄帝之第五縱隊。抗戰結束，茫然復員，輕敵忘危，勝利泡影。尺子大聲疾呼，著「開始第二抗戰」，指明戡亂實爲對俄作戰，必傾全力。吾謀不用，莫謂無人！往事如煙，思之慘痛！來臺後，肆力著述，都百萬言，其中心皆以抗日反共實際經驗，對俄帝侵華史及其政略戰略戰術，作歷史的叙述。眞有血有淚，言中有物，統非著書立說，射策干祿之輩，所能望其項背。近以其新著謀略戰講義問序於余。先覩爲快，啓發良多。正不傷腐，奇不入幻，筆能扛鼎，出淺入深，斷似斷釘，廣徵博引。昔約米尼自叙其戰爭論，曾曰：「戰爭確有幾條基本原理。其數目僅只少數幾條，違之，危險必生。」準斯說也，余於謀略戰亦云然。余以爲尺子之最大貢獻，即當此人天憒憒雜說紛紜之世，對反共抗俄之謀略戰，提出幾條基本原理；且此原理之合理基礎，正出自古代戰史之研究及親身的實踐經驗，眞此一學科深入之門也。此書係國防部委託尺子所編，行見發揚踔厲，英才輩出，掃虜廷，復故都，吾預知尺子之願終不虛矣。是爲序。

弟趙家驤四十七年四月廿九日序於金門

陶序

克勞塞維茨說：「政策是各種社會利害關係之結合與調和」。列寧改換一個說法，以爲「經濟的集中謂之政治」。這個「政策」或「政治」的定義，其中含有謀略。倘如政策是混沌的整體，就不能產生謀略，更不是由謀略產生。

一個政黨或政府如不能分析自己控制的社會上各種不同的利害關係，便不能確立有謀略的政策。一個政黨或政府如不能分析敵黨或敵國內部的各種不同的利害關係，便不能確立其對敵作戰的有謀略的政策。

莊子描述庖丁解牛，在庖丁的眼光裡，沒有整個的牛，即所謂「目無全牛」。因爲他「目無全牛」，所以他解牛的刀，用了十九年，還是新出爐的一樣。我們如不能了解「目無全牛」的意義，即不知謀略從何處產生，亦就不知政策從何處產生。

馬克思、列寧高唱「階級鬬爭」。在他們的眼光裡，沒有整體的國家、民族和社會。他們以及他們的黨徒要滲透一個社會，征服一個民族和國家，必先分析那個社會、民族和國家的各種政治社會勢力。這一分析就是他們謀略的根據。他們確立了謀略而後從謀略產生政策。我們可以說，馬列主義沒有別的理論。他們的理論都是謀略披上一件哲學或社會科學的大衣。

我們的反共鬬爭，必須以謀略對謀略。以謀略對謀略，就是謀略戰。謀略戰不是孤立的、抽象的、原則的東西。謀略戰是組織戰、宣傳戰以及武力戰之綜合的戰鬬。這一綜合的戰鬬之最高技術就是謀略戰。

謀略戰，在孫子兵法，叫做「伐謀」，伐謀的裡面，包括着伐交與攻心，並且亦有攻城略地的武力戰在內。謀略戰不僅是我以謀略打擊敵人的謀略，並且要改變敵人的謀略，操縱敵人的謀略，或者陷敵人於無謀的困境。不僅利用敵人外部和內部的各種政治社會勢力，並且製造敵人外部與內部各種政治社會的壓力，使他不能不依照我所定的方向走，走入錯誤與失敗的窮途。

有時候，只要敵人將他的政策和謀略稍爲移動一寸或一尺那樣遠，就是我方制勝的起點。

共產集團及其國際共黨的陰毒，就是他在其敵人的背後有各種不同的後備軍。我們過去的失敗，往往失敗於中共的後備軍之手，而不是失敗於中共正面直接的鬭爭。

今天我們對中共在臺海作戰，我們內部雖然是萬衆一心，但是仍然有中共的應聲虫的存在與活動。

所以我們必須講求以謀略對謀略的方法　我們必須利用並把握中共內部各種政治社會利害關係之矛盾，來使用我們的組織、宣傳與軍事武器。在這一意義上，我們纔能理解什麽是臺海戰爭與大陸革命的結合，如何走入反攻復國的道路。

如果將中共控制的大陸地區看做整個的牛，我們臺海戰爭只能防禦，不能攻擊。如果我們對大陸地區「目無全牛」，隨時隨處都是我們作戰的機緣，從各種方向，導入戰爭與革命的結合，開始我們反攻復國的途程。

趙尺子同志以其反共鬪爭的經驗與智慧，寫成「謀略戰」一稿。他認爲謀略戰最重要的原理就是「因」。所謂「因」，就是利用敵人所處的地位與環境，把握敵人內部的矛盾與衝突，再加滲透與組織的工作，使敵人的政策與謀略陷入錯誤，乃至使敵人的政治社會發生變亂，而後施以武力的攻擊。我讀過了這本稿子之後，略抒所見，以爲之序，並樂於介紹於社會。

陶希聖四十七年十月二十日序於臺灣

劉序

國家對外的衝突與戰爭，永無休止，謀略因衝突與戰爭之需要而俱來，故安不忘戰，戰不忘謀，忘戰必危，忘謀必敗。

謀略爲施諸於敵之陰謀行爲。任何國家置身於對外之衝突與戰爭中，莫不運用謀略，以求取衝突與戰爭之勝利與利益。

謀略之運用，一爲施諸於敵，一爲防諸於敵。此施諸於彼，而彼不能不防，彼施諸於此，而此亦不能不防。此施彼防，彼施此防，能施能防，百戰不殆。能施而不能防，勝負互見。不能施，不能防，每戰必敗。

俄匪爲一詭詐之陰謀集團，其任一措施，任一行動，任一口號，莫非詭詐陰謀之騙術，莫非侵略擴張之手段。大陸戡亂之挫敗，蓋由於未能防制其詭詐陰謀之術，而爲其所乘之故。

反攻復國之道固多，而對俄匪謀略之施、謀略之防，乃其中之重要者也。尺子先生所撰謀略戰一書，對謀略之重要及其原理，論述周詳。誠能研究領悟，運巧出新，以制俄匪，則對反攻復國之貢献，不可計量矣。

尺子先生精於史學、兵學，尤富於反共之實地經驗，欽慕久矣。今承其盛情，得先睹此書於出版之前，幸樂如何！併此致感謝之忱！

劉瑞符序於淡水

林序

總統於「對軍隊政治工作的基本認識」中昭示：「政治工作，特別要注意謀略的重要。現在的戰爭，光是拿槍炮炸彈是不够的，這在戰爭上不過是小部份作用，其他大部份作用是在武器之外的，而是要用我們精神力量和腦筋的謀略。」從　總統這段訓詞看，我們可以獲致一個新的啓示，就是謀略戰的重要性，是在純軍事戰之上，而容有謀略戰領導軍事戰的含義。這與孔子說的「好謀而成」，孫子說的「上兵伐謀」和　國父「知難行易」的創見，同其用心。

現在我們面對的頑敵——俄寇中共，他們純粹是靠謀略起家的，我們承認他們是以唯物辯證法作精神武器，可是唯物辯證法在他們的手裏能發生甚麼作用？一言以蔽之：直不過資以發揮其「以假亂眞」的欺騙目的而已！由此知道，無論其爲組織戰、宣傳戰、外交戰，甚至軍事戰，在本質上都不外是貫徹其謀略戰的各種型態和方式罷了！看他們所謂的「統戰」、冷戰、和平攻勢、笑臉外交、退却戰術等名稱，無一而非從謀略的觀點出發，爲謀略所決定與說明。從知反共抗俄的戰爭，實質上便是從事謀略的戰爭。據於目前的形勢來解析孫子說的「多算勝，少算不勝」，應該定認：我們反攻的勝利，是建築於我們謀略的勝算之上。

現在趙尺子先生以其從事與日俄二十餘年謀略鬪爭的經驗與智慧，撰著此謀略戰講義，就其於反共鬪爭的光榮史中於言於行的實際表現看，必能勝任目前反攻、以寡勝衆之任務的時代要求，信可爲復國建國的前途，給予必勝必成的保障。趙先生於本講義首先爲謀略確立了一個明確的定義，並爲之區分「戰略性的謀略戰」和「戰術性的謀略戰」，眉目分明，立論精闢。且於二三兩講中提出四個基本原理，並分別說明其運用，詞簡意賅，義精用宏，配稱戰爭的藝術，也是戰爭的科學；其有助於克敵制勝，確無疑議。凡屬忝在反共戰鬪的序列中，如果不加以研讀，少不了將於知行方面，有感缺憾！

本講義於闡述謀略戰的效用部份，劈頭便把握住謀略共通的法則——一個「奇」字。的確，離開了「奇」，便不足以言謀了。故在貫用正兵制勝的岳飛，仍不忘娓娓誨人以出奇。他說：「兵家取勝要決，全恃出之以奇，使人莫測。」像他採用短兵相擊，以破金兀朮的拐子馬，和縱反間計以去劉豫等的赫赫功名，無疑的，就是得力於一個「奇」字。

在謀略原理與運用部份，標明「貴因」、「造亂」、「隱體」與「備物」四大要領，這是非常正確而適足攫緊全部謀略思想的中心。所謂「貴因」，有如孫子兵法所稱：「兵因敵而制勝」和孫臏說的：「計者因其勢而利導之。」這是古今制勝無可非議的公理，所以胡林翼也說：「兵貴因機。」其次「造亂」，是較利用弱點更進一層的着眼。如李綱說的「觀釁待時」，這雖是一句至理名言，但細味其意，至少容有近乎消極之嫌，蓋假若無釁可恃，豈不將如守株待兎似地等待一輩子？故如魯肅建議孫權：「為將軍計，惟有鼎足江東，以觀天下之釁。」孫權奉若箴言，結果只好老死在江東，忍令司馬爾後從容地統一三國而有天下。至於「造亂」則不然，縱令對方毫無可乘之機，也得製造出可資利用的機會來，這是多麼含有積極的意味！我們看李淵起義，起初他本無此心，就因李世民和劉文靜合謀，使淵於醉後造成了宿宮的亂子便不得不起兵反隋了。又如王允的連環計，骨子裏即在導引呂布造騎虎難下的亂子來，促成了這一着，下一着的刺董卓，便容易擺布了。再次，所謂「隱體」，這是謀略本質的運用。孫子說：「兵以詐立」，所以周易師卦一陽居於群陰之下，解說是：「伏至險於大順，藏不測於至靜之中。」這是蘊含外柔內剛，藏器待時的意思。所以太公說：「凡謀之道，周密為寶。」揭暄也說：「謀成於秘，敗於泄。」事如春秋宰孔欲譲齊桓公不安分的封禪，管仲告以：「吾君好勝，可以隱奪，難以正格也。」這便是「明言不如暗語」的意思。故曰：「尺蠖屈以求申，龍蛇蟄以存身。」戰史上如虞詡設伏，以少勝衆敗羌虜，李愬夜襲蔡州擒元濟，都是深得隱體之要領的成功傑作。記得閻伯川先生說過：「中共的策略戰略沒有別的，就是暗打明而已。」這是對中共陰謀一針見血的批判。「知己知彼，百戰百勝」，我們應該緊記住這一着才是。

最後，就「備物」原理與運用看：這是最富於科學時代的意義。本講義鄭重地提示這點，許可於謀略戰的行列據有重要的地位，從而打破了一般對謀略祇局限於唯心的領域的看法，這是趙先生獨具匠心的高明之處。誠然，「心為物之體，物為心之用」，謀略離開了物質的調用，便不免失之於空談。如墨翟自宋至楚見公輸般，為表達他在宋早有禦楚的設防，少不了要以帶為城，以牒為械來作示範；不然，怎能僅憑一席大話，便可打消楚國預定攻宋的計劃呢？拿破侖雖富有戰略戰術的天才，而仍不忘有：「打仗第一是錢，第二也是錢，第三還是錢」的教語。尤其他進攻莫斯科的遭遇慘敗，畢竟還是吃了「備物」不夠的大虧。我們看歷史上：荀息假道以取虢滅虞，是得力於璧馬；秦滅巴蜀，得力於金牛；孟嘗君逃出秦境，張儀完成間楚之計，都是得力於一件貂皮。他如田單復齊靠火牛；韓信襲魏靠木罌；陳平護衛白登山，靠幅美女圖；孔明劫糧，特設木牛流馬。更如檀道濟唱籌量沙，慕容垂牛皮渡過黎陽津，垣崇祖假城敗魏兵，李靖縱船取江陵，諸如此例，若非當時預先有「備物」的設施，相信戰史決放不出那樣美麗光芒。諺語：「巧婦難爲無米之炊」，這在謀略戰，同其歸趨。最顯明的，第二次世界大戰，美國即以擁有豐富的物資，故能愈戰愈強，而獲致最後的勝利；相反，在德國第一次世界大戰失敗於物資，第二次世界大戰同樣失敗於物資的缺乏。日本偷襲珍珠港的勝利成果，頓成泡影；無他，即在沒有計算到美國大後方的「備物」成分。尤其在發展備戰至于衞星彈競賽的現階段中，在寫謀略戰而不忘記強調「備物」，這於提醒民族自覺的意義上着想，又不禁平添「山外青山樓外樓」之感！趙先生用心之深刻，可想而知。

四十七年除夕林夏序於臺北中和

謀略戰

目次

第一講　謀略戰的意義

趙尺子著

一　謀略的意義

謀，智謀；略，策略。謀字來源極古，在夏朝的語言裡，發現有下列各字：mėtėči（謀特契），義爲多智多能的人即謀臣；mėtėgėlėmüi（謀特個勒昧），義爲偵查；mėtėgėlėči（謀特個勒契），義爲偵探；mėtėl（謀特魯），義爲知識或了解；mėrėgėn（謀熱艮），義爲賢者或智者；mėrėgėt（謀熱個特），義爲賢者們或智者們。到殷朝或至晚周朝，截取夏語第一音（mė）造成謀字。謀略兩字連起來使用，義爲智慧的計劃或神奇的韜略。

我國何時造成謀略一詞，已不可考。春秋時代還沒有謀略一詞，我們看上古的戰史——左傳，有「弱」、「強」、「致」、「詭」、「諜」、「間」、「內」、「釁」、「偪」、「脅」、「潛」、「覆」、「誘」、「棄」、「衷」、「誤」、「瑕」、「分」、「暇」……（詳本講義第三講）等字，雖然都屬於謀略戰的範疇；但不見謀略字樣。到西元前五五一年孔子誕生，我們才在論語上看到「好謀而成」和「小不忍則亂大謀」，只單用一個謀字。孔子逝世後一百年左右，有孫武十三篇一書問世，也僅見「謀攻」和「上兵伐謀」等詞句。孔子所說「好謀而成」，是作戰要巧定計謀，才能戰勝。孫武的「謀攻」，確是說用謀攻敵；「伐謀」則是打破敵人的謀略，並破壞敵人的作戰計劃，他所謂「上兵」，實即「五間」，用間諜來「伐謀」。東漢班固撰作漢書，其中的藝文志見「權謀」一詞，定義是「權謀者，『以正守國；以奇用兵（老子語）。』先計而後戰，兼形勢，包陰陽，用技巧者也」，也只講「權謀」，並沒有「謀略」。明代，魏禧著「左氏兵謀」和「左氏兵法」，列舉「兵謀」三十二種、「兵法」二十二種，還不曾使用「謀略」一詞。直到舊約譯成中文，才發現以賽亞十九章有謀略一詞，大約是清朝末年。民國四十年以後，兵學界通用「謀略」，說明某種神妙的作戰方法。我們偉大的　蔣總統在「反共抗俄基本論」裡首次考證出「謀略戰乃是從我們中國孫子所說的『上兵伐謀，其次伐交』的原則所產生」。其後劉瑞符著「謀略通論」（四十二年），羅中天著「戰術謀略之運用」（四十四年），張鐵君著「謀略戰」（四十六年），其他各軍事學校亦編有謀略講義。謀略一詞，始成爲中國兵學上的正式軍語。其實這一軍語的造成，却經過了四千多年兵學思想的孕育。

在日本，近於謀略戰有所謂「僞騙」一詞。日本參謀本部和國外駐屯軍的「特務機關」（謀略機關），主要任務就是「僞騙」工作即謀略戰。日本對韓國首先使用「僞騙」，製造出韓國僞「一進會」，達到「日韓合併」的侵略目的。其次，對我東北使用「僞騙」，在民國元年利用僞「宗社黨」，導演「滿蒙獨立」，至民國二十一年製造出僞「滿洲國」。在俄國，十八世紀加德林女皇和駐波蘭大使蘇渥洛夫，使用謀略，製造波蘭僞「王黨」，瓜分波蘭。蘇渥洛夫名其謀略戰的著作爲「致勝科學」。這本書後來成爲俄國陸大的講義，造就出許多通悉謀略戰的人才，托羅斯基就是其中之一，他發明了「隱體戰」（「看不見的戰爭」），達成了一九一七年列寧的「革命」。但俄國並沒有謀略戰這一軍語，而稱日策略。

在美國，謀略戰的思想，較為落後，直到一九五四年版的「作戰綱要」裡，才出現「作戰欺騙」一節，和「心理戰」、「反情報」處於同等地位。美軍「作戰欺騙」現在僅只達到「隱匿或支援眞正之作戰」的限度，「用以實施『作戰欺騙』之主要手段，皆為部隊建制上之手段」（「美軍作戰綱要」四十七頁），這在我們近年出版的謀略戰書籍裡，名之為「戰術性謀略」。這種「戰術性謀略」，早在二千七百年前，我們業已盛行使用，並經編成戰史——左傳了。

二　謀略戰的定義

謀略又稱謀略戰，其定義應該如何？現先就上述各書所講，列舉如次：

甲、總統訓示謀略戰的定義　「朱毛中共的所謂總體戰，在他的行動上，是分為一般的軍事戰、政治戰、經濟戰、文化戰、社會戰各種不同的型態，齊頭並進的；但是在技術上，却是依據着他的組織戰、宣傳戰、心理戰、情報戰、謀略戰等等，來作其重要憑藉與戰爭指導，這種技術戰，就是中共目前特殊優點所在……謀略戰乃是從我們中國孫子所說的『上兵伐謀，其次伐交』的原則所產生的：：他們的謀略不只運用於軍事戰爭上，凡是政治、經濟、社會、文化各方面無不運用這個謀略戰（「反共抗俄基本論」三章三節）。」根據 總統這個訓示，知道謀略戰是總體戰裡的技術戰。這是 總統爲謀略戰所下的定義。國防部情報學校刊行的「中共詭計彙編」，在「前言」中說：「今日的戰爭，在組織型態上是總體戰，而謀略戰是遂行總體戰不可缺少的手段。」這是遵照 總統爲謀略戰所下的定義。

乙 「謀略通論」所作謀略定義 「謀略就是以詐擊敵的方法，屬於權謀的範圍。謀略就是權詐之術。」（一、二頁）

丙 「戰術謀略之運用」所作謀略定義 「謀略這個名詞，原出於孫子的『詭道』之說，亦即是俗語說『用計』之謂。孫子曾謂：『兵者詭道也，故能而示之不能，用而示之不用，近而示之遠，遠而示之近；利而誘之，亂而取之；實而備之，強而避之；怒而撓之，卑而驕之，佚而勞之；親而離之；攻其無備，出其不意：此兵家之勝，不可先傳也。』這就是說，用兵須用計謀。」（一頁）原書作者以爲謀略就是用計。

丁　「謀略戰」所作謀略定義

「我們爲謀略戰下一個定義，那即是：『一個國家依據其基本國策，從敵我友各方面以及有關條件的內外全局着眼，就戰爭的整個過程上，提出一個爲政治、經濟、外交、軍事等戰略所共同遵守的最高方略，這即是謀略；和敵人從事此種謀略的鬭爭，便是謀略戰。』」（三頁）著者以爲「謀略是政治、經濟、外交、軍事等戰略所共同遵守的最高方略。」

三　謀略戰的分類

上邊所列謀略戰的定義，並不一致。如果我們要爲它制定一個周延的定義，先須研究謀略戰的分類。通讀古今中外戰史，可以得出一個輪廓，就是謀略戰分明具有大小兩種型態，一種大的型態可以名爲戰略性的謀略戰，一種小的型態可以名爲戰術性的謀略戰。

甲　戰略性的謀略戰

先從戰史上觀察戰略性謀略戰的特徵。遠在西元前二十二世紀中國的夏朝，這種戰略性的謀略戰便已發現。當西元前二一八三年禹王建國，這就是我國的夏朝。夏朝的諸侯之中有一個名爲羿的人，是窮族的首長。窮族的羿企圖滅亡夏朝。但羿不用戰爭，而用謀略。他把女兒嫁給禹王的太子啓，作爲次妃。啓的元后生子太康；次妃——羿的女兒生子中康。到西元前二一六六年太康繼位，中康也已成爲夏朝的「二皇帝」了。於是羿便製造他的外孫中康和異母兄太康之間的矛盾，導演兄弟爭國的內亂。結果中康逐走太康，作了夏朝的皇帝；但中康已在外祖父控制之下，僅僅成爲有名無實的「兒皇帝」，實際上夏朝是被窮族的羿所滅亡了。這段謀略戰史載在左傳襄公四年，到近年甲骨文出土，完全證實。我們看這個謀略的特徵，是個滅亡他國的大型謀略，正是戰略性的謀略了。近年以來，俄帝爲了實際上滅亡我國，而導演僞「中國共產黨」，建立「中華蘇維埃共和國」（民國二十年十一月七日），至民國三十八年改名「中華人民共和國」，代替俄帝統治我們的大陸，這所用的謀略確和窮族滅夏同是大型的。又，日閥爲了滅亡我國，也導演僞「協和會」（黨），建立僞「滿洲國」（民國二十一年三月一日），並導演僞「新民會」（黨），建立僞「華北政權」（民國二十六年），以亂中國。日俄兩國對我所用謀略是相同的，所謂「親而離之，亂而取之」（孫武語），全是戰略性的謀略。

乙　戰術性的謀略戰　先從戰史上研究戰術性謀略戰的特徵。遠在西元前十二世紀中國的商朝，這種戰術性的謀略戰便已發現。當西元前一一一一年，商朝的皇帝是紂王；周朝的皇帝是武王。周武王於西元前一一一一年伐紂。當時紂王的兵力大小十萬；武王的軍隊僅有兵車三百輛，虎賁三千人，步兵四萬餘，亚處劣勢對優勢的戰爭。武王於是展開謀略戰：派周公用「加富三等，就官一列」爲條件，策反了紂王的行政院長兼參謀總長膠鬲；派召公用「世爲長侯，守殷常祀；相奉桑林；宜私孟諸」（上引文均見「呂氏春秋」）爲條件，策反了紂王的長兄微子啓：結果周軍進抵牧野，紂王的兵全部「倒戈」，紂王自殺，商朝遂亡。這段戰史見於書經、孟子、呂氏春秋等書，是中國史上最古的小型謀略戰，即戰術性的謀略。近年以來，日閥策反了廖弼臣、王道一、王英、李福和、孫殿英各軍；毛　策反了陳明仁、羅廣文、陶峙岳……等軍，也都是戰術性的謀略戰。

從上述的謀略戰史，可以看出：謀略戰確應分為大小兩型。因此，我們為謀略戰設下兩種定義：

甲　戰略性的謀略戰　是支援本國整個戰略的技術戰。我們試看窮羿對夏朝的整個戰略是滅亡夏朝，便使出一套「技術」：嫁出自己的女兒，使她產生中康這個「兒皇帝」；然後暗助「兒皇帝」打掉真皇帝。俄日對我的整個戰略是滅亡我國，也使出一套「技術」：製造了毛澤東、溥儀兩個「兒皇帝」，俄帝暗助毛澤東竊據大陸；日閥則暗助溥儀統治東北。

乙　戰術性的謀略戰　是支援本軍一個會戰的技術戰。我們試看牧野會戰中，周軍使用「技術」：拉攏商軍的高級幕僚，商軍便全部「倒戈」。在日閥侵華或毛奸作亂的某一會戰中，日閥用「技術」拉攏去廖弼臣輩，毛用「技術」勾引去陳明仁輩，國軍便吃了大虧，日閥毛奸却得到暫時的勝利。

但我們要注意，這裡所說的「技術」，並不是簡單的技術，而是藝術化的技術，也是科學化的技術。無論我們對敵人進行戰略性的謀略戰，或戰術性的謀略戰，都要發揮高度智慧，使技術成為藝術化。總統說：「我們如何才能達到這種藝術化的目的呢？我以為這就是要有精神力（謹按：即智慧），要用孫子『校之以計，而索其情』的運用心神，來計謀策劃了。亦就是要使作戰的『知己』之情，『主客』之勢，『從違』之機，『險易』之狀，『衆寡』之用，都洞燭透徹，也就是求其眞實與完善，來把戰爭科學所需的一切組織、制度、業務、技能、器材、物質和運用陸海空軍，反復嫻熟，神而化之，使成為自己的第二本能；再配合着久經修養而致的第二天性——果斷、堅忍、勇氣、責任和光榮戰死的決心」（「孫子兵法與古代作戰原則及今日戰爭藝術化的意義之闡明」上篇）。由這訓示，我們知道：謀略戰中所用的「技術」是嫻熟神化的大智配合着大勇的藝術化的「技術」，並不容輕視。

而且這「技術」更應是科學化的技術。總統說：「本來我們處於現在這樣的一個科學時代！特別是處於現在這樣的一個必須包括政治戰、經濟戰、思想戰、外交戰、武力戰的總力（體）戰的科學戰爭的時代！假使我們還是沒有科學的觀念，科學的精神，不懂得科學的法則，那就無法在這樣一個時代中，作為一個革命的軍人。拿破崙認為所有偉大的將領，都是『把戰爭當作一種眞正的科學』，這句話可以說是至當不移的。假如大家像從前那樣粗枝大葉，漫不經意，分明是捨棄『科學化』」（「孫子兵法與古代作戰原則以及今日戰爭藝術化的意義之闡明」上篇），這一訓詞啓示我們知道：謀略戰中所用的「技術」是根據科學精神，依照科學法則的「技術」，而不容「粗枝大葉，漫不經意」，說這是「技術問題」，派一位參謀隨便搞去就得，不值得主官經心留意來做。

試以史達林對我們展開戰略性的謀略戰作例來看，他確已做到「科學化」和「藝術化」了。他的戰略目的明明是滅亡中國；但他一切宣傳表示都是「和平共存」。他製造的僞「中國共產黨」明明是他的第五縱隊，在我們立場看這是漢奸集團；但世界各國以及我國人士，却以爲「中國共產黨」眞是一個「政黨」。他指揮毛澤東殺人、放火、淸算、鬪爭，這明明是替俄帝進攻中國；而一般人却相信這是「革命」。由毛澤東作「主席」的僞「中華蘇維埃共和國」和「中華人民共和國」明明是俄帝的傀儡；而英、印……等國竟會承認它是「國家」。他的「共產主義」明明是俄帝謀略戰——心理戰、政治戰、組織戰、社會戰、文化戰的工具；但一般人却認爲它眞是「主義」。他的「唯物辯證法」明明是「神妙謀略」（「反共抗俄基本論」三節）；但一般人却認爲它是「動的邏輯」乃至「哲學」。這一切利用科學的心理學上的「錯覺」和科學的政治學上的「民主政治」，以達成顚倒黑白的謀略，而乃能被人所迷信，純因史達林善用藝術學上的「旋律」、「調色」、「調光」的道理。他極像一個近代魔術師，利用科學的原理，藝術的手法，把戲法變得活龍活現。戲法明明是假；看來却是事物全眞。

日本軍閥也對我們使用戰略性的謀略，但他們科學化和藝術化的程度，却比史達林落伍了十萬八千里。他們也喊「共存共榮」；但任何中國人一聽便知道這是侵略。他們也製造「協和會」；但任何人一看便知這是漢奸集團。他們也導演「滿洲國」；但任何人一看便知這是傀儡政權。他們也宣傳「王道主義」、「新民主義」；但任何人一聽便知道這些都是鬼話。所謂戲法人人會變，各有巧妙不同。

四　謀略戰的效用

戰略性的謀略戰是支援整個戰略的，所以整個戰局的成功，便是謀略戰的效用；戰術性的謀略戰是支援一個會戰的，所以一個會戰的勝利，也便是謀略戰的效用。戰略戰術是「正」兵；謀略則是「奇」兵。

但我們從戰史上看到，有些名將僅僅使用謀略，也曾達成「不戰而屈人之兵」（孫武十三篇），所謂「上兵伐謀」；有些名將也曾在防守戰中使用謀略，而無須用兵。這就是說：謀略戰可以獨立使用，不一定要它支援作戰。關於「上兵伐謀」可舉劉邦爲例：西元前二〇六年，漢高祖元年，高祖劉邦攻入關中，佔領咸陽，秦朝滅亡。這時西楚霸王項羽率兵也進入戲西（西安以東）。項羽得到劉邦左司馬曹無傷的告密，說劉邦要作皇帝。項羽大怒，決定次日拂曉殲滅劉邦，這就是「定謀」。當時項軍四十萬在新豐，劉軍十萬在霸上，劉軍可說是絕對的劣勢了。這夜間，項羽的季父項伯，趕來霸上私見張良，告以明晨項羽來攻，招呼張良一道出走。張良立刻把這消息報告劉邦，並說明是項伯親口所說。於是劉邦使用謀略戰：劉邦先問明項伯年齡大於張良，並要求張良把項伯請入。劉邦看到項伯之後，呼項爲兄，捧酒爲壽，並「約爲婚姻」，告以入關以來，封閉府庫，日夜盼望項將軍來接收，怎敢反叛？託項伯代爲轉報項羽，這就是「伐謀」。項伯遂連夜回見項羽，將話傳達過了，並且說：「劉邦不先破關中，你怎敢到來？現在人家立了大功，而你却要消滅人家，眞是不義。我看不如好好優待人家。」項羽許諾。——劉邦面對的一場死亡戰爭便消失於無形了（史記「項羽本紀」）：這眞正是獨立的謀略戰了。這裡劉邦所用的「技術」，主要的是「約爲婚姻」這一解數，在本講義第二講第一節

「貴因原理」將要細講。

關於防守戰中使用謀略，我們先舉出一節東吳不戰而免於亡國之禍的戰史：魏文帝黃初七年西曆二二六年，八月，文帝親御龍舟，統帥水陸兩軍，大舉伐吳。九月到達廣陵（揚州）。東吳安東將軍徐盛，策定謀略計劃：一、植木，衣葦，建造疑城假樓，從石頭（南京）到江乘（句容）聯緜相接，凡數百里，一夕完成。二、多浮舟艦於江，以爲疑兵。文帝望見，嘆息着說：「魏雖然有武騎千群，毫無用處，不可滅吳了！」時江水大漲，龍舟遇風飄浮，幾乎覆沒，遂班師北返（讀史兵略卷十）。

綜上所述，可以知道：不論攻勢的戰略戰術或者守勢的戰略戰術，以至使用兵力的戰爭或不使用兵力的戰爭，全部有賴於謀略戰的支援：這一點便是謀略的絕對效用。

二十世紀是一個總體戰的世紀。侵略極權集團固然展開它們的軍事戰、外交戰、政治戰、經濟戰、文化戰、社會戰；而反侵略反極權集團，也已展開了軍事戰、外交戰、政治戰、經濟戰、文化戰、社會戰。但他們侵略極權集團早已很藝術地很科學地善用謀略戰以支援它們的軍事戰、外交戰、政治戰、經濟戰、文化戰、社會戰；而我們反侵略反極權集團却不善於運用謀略戰以支援我們的軍事戰、外交戰、政治戰、經濟戰、文化戰、社會戰，這就難怪我們長久處於敗局了。依中國軍事思想家高瞻遠矚的看法：陸權、海權、空權、熱權（核子戰）時代，不久便都將成爲過去；新來的將是一個「謀權時代」（謀略力量時代）：那一個國或集團擅長科學化藝術化地使用戰略性的謀略戰，它便將成爲世界戰場上的主宰。今後謀略戰仍將成爲獨立的戰術，可以達成孫武「不戰而屈人之兵」的目標。所以現階段軍人務須精通謀略戰，要有旺盛的企圖心，凡在軍事戰、政治戰、外交戰、經濟戰、文化戰、社會戰中，無不科學化地藝術化地運用謀略，並小心謹慎防備敵人的謀略而敗壞他們的謀略。

從今天反共復國的立場看謀略戰，它乃是一種革命的技術，弱兵對強兵劣勢對優勢的戰術。我們要很理智地很客觀地把謀略看做戰爭的藝術、戰爭的科學，用它支援戰局與會戰，完成國民革命第三任務。

第二講 謀略戰的要領

一 謀略戰的原理

謀略思想和謀略技術，四千年來在我國不斷發明，不斷進步，實已洋洋大觀。在思想方面，有孫武「十三篇」，這是夏商周到戰國時代謀略（含全部戰爭論）思想和技術的總結；有「司馬法」，司馬穰苴所作，也是戰國以前謀略思想（含其他戰爭論和技術）的紀錄；有「呂氏春秋」，呂不韋作，其中約有十五篇，如「貴因」篇等等，是秦朝以前戰爭論的思想史，很多處講到謀略戰；有「六韜」，託名周初姜尚所著；有「吳子」，託名戰國吳起所著。兩書殆是漢唐時代軍事學家的作品，但保存着許多周代的兵學思想，自然其中也有謀略。在戰史方面，首推「左傳」，據說係左丘明所作；有「公羊傳」，公羊高所作；有「穀梁傳」，穀梁赤所作。三傳都是根據孔子所作的春秋，分別紀錄或解說春秋時代二百四十餘年的軍政大事。其中的「左傳」紀錄春秋全部戰史，極爲詳悉明確，是全世界第一部古代戰史。孫武「十三篇」和「左傳」，是我國以及世界最古的兵書。到明末有魏禧字氷叔，寫成「左氏兵法」、「左氏兵謀」兩書，歸納左氏兵法兵謀爲五十四個字，本講義第一講所引「弱」、「強」……等十九個字，都屬於謀略的範疇。其次爲宋朝司馬光所作的「資治通鑑」，這是春秋時代直到後周一千四五百年間的政治外交軍事通史，其中軍事通史方面關於大小戰役以及「權謀詭譎，靡不畢究」（胡林翼語），可以作爲謀略思想和謀略戰史來讀。淸朝名將胡林翼領導學者專家六人，擇錄「資治通鑑」裡的軍事通史部分，並剪裁「左傳」一部分戰史，編成「讀史兵略」一書，共四十六卷，考證註明古今地名對照，偶爾也指出要領。此外，漢朝人編輯的「戰國策」，漢朝淮南王劉安的「淮南子」，明朝揭暄的「兵經」，淸朝畢沅的「續資治通鑑」，或紀錄歷代謀略戰史，或整理謀略技術，都可以從中歸納得到謀略戰的原理，制成要領，以便精研和運用。這幾部書是每位軍人所必須精讀的。

本講義現以上列各書爲根據，並採用近代西方若干有關謀略的書籍作參考，將謀略戰歸納成爲四個原理，作爲謀略戰的要領。軍事學只有典範，並沒有原理。本講義是一種嘗試，還請讀者指正或補充。

二　貴因原理

「貴因」二字是一個軍語，一種謀略技術。係二千二百年前秦朝丞相呂不韋（西元前二九〇——二三五）所創的名詞，寫在上述的「呂氏春秋」上。他說：

「三代所貴莫如『因』。『因』則無敵……湯武以千乘制夏、商，『因』民之欲也……故『因』則功；專則拙。『因』者無敵。」（貴因篇）

在「決勝」篇又說：

「凡兵，貴其『因』也。『因』也者，『因』敵之險，以爲己固；『因』敵之謀，以爲己事。能審『因』而加勝，則不可窮矣。」

呂氏所定「貴因」這一謀略原理，近承一百多年前的孫武十三篇，「用間」說：

「鄉間者，『因』其鄉人而用之；內間者，『因』其官人而用之；返問者，『因』其敵間而用之……」

遠接三百多年前的仲孫湫。左傳閔元年載，仲孫湫對齊桓公說：

「親有禮，『因』重固；間携貳；覆昏暴：霸王之器也。」

更古則是左傳襄公十四年所引：

「史佚曰：『因』重而撫之。」

史佚是周初的歷史家。而「貴因」的始祖，實爲上述的窮族首領羿，事見甲骨文：

「翌、啓『因』。」（殷虛書契後編下、四十二、三）

「國不『因』。」（殷虛書契前編五、三十八、三）

翌就是羿，啓就是大禹王的太子啓，「翌、啓因」就是羿把女兒「因」給即嫁給啓。「國不因」是說一國的太子，不可以娶別國的女子爲妃，由於一經娶了外國女子，則所生的兒子就有成爲外國「兒皇帝」的危險，例如啓娶羿女，生中康，後來中康便作了羿的傀儡。也可以講爲本國不可把公主「因」給即嫁給外國。

「因」就是婚姻的「姻」。「姻」是周朝字，已經加了女旁；「因」是商朝字，還沒有加上女旁。「因」字係截取夏朝語言 gêrin（閣熱因）的 in 所造的字。gêrin 義爲「嫁」，gêr 被造成「家」字，後加女旁成「嫁」；又被造成「給」字；in 被造成「因」字，後加女旁成「姻」；「嫁」、「給」和「因」都指女子出「嫁」。在夏、殷、周、漢、唐各朝，一國公主嫁給外國皇帝或太子，原是「族外婚」制度的遺留；但這五朝便利用這個制度，實施戰略性的謀略戰：嫁出公主，等她產生「兒皇帝」，以達成合併外國或控制外國的戰略目的。窮羿用嫁女技術，實際滅亡了夏朝。漢高祖和項伯「約爲婚姻」，到底滅亡了楚國，把長公主嫁給匈奴（北夏）單于，也就能安撫了匈奴的侵略，「爲五世利」（讀史兵略卷四韓安國語）。其後「昭君出塞」，發生最大作用，竟使匈奴分裂成爲南北，南匈奴（漢外甥）成爲漢朝的傀儡國。唐朝也用文成公主安撫了西藏。這都是戰略性的謀略。

我們懂得「因」即「姻」即「嫁」即「給」之後，便可解釋「貴因」

了。所謂「貴因」，就是說「因」這種嫁女的謀略，是値得重視的、實貴的。也就可以翻譯上引史佚、仲孫湫、孫武和呂不韋的文字了：史佚所說「因重而撫之」，翻爲「嫁女給外國的重要人物而安撫他」；仲孫湫所說「因重固」，譯爲「嫁女給外國的重要堅固人物」；孫武所說「鄉間者，因其鄉人而用之」，翻爲「嫁女給外國的老百姓而用之爲鄉間」，所說「內間者，因其官人而用之」，翻爲「嫁女給外國的大官而用之爲內間」，所說「返間者，因其敵間而用之」，譯爲「嫁女給外國的間諜而用之爲返間」。過去我們讀孫武十三篇，把這三句話裡的三個「因」字都解爲「原因」的「因」，滑口讀過，未加深考，所以二千年來沒有人能懂得孫武如何製造「上兵」。

現在我們再來翻譯呂不韋所說的「三代所貴莫如『因』。『因』則無敵」，如下：

「夏、商、周三個朝代的謀略，沒有再比嫁女這一種更被重視的了。懂得嫁女這種謀略，就沒有敵國，因爲敵國之內有了我們的『兒皇帝』，會向我們『一面倒』，也就沒有敵人，因爲敵國的老百姓、大官、間諜已經成爲我們的女婿了。」

但到了秦朝，由於「姻」字的出現，「因」字取得「給」字的地位而代之，也可以說「因」講爲「給」了，所以呂不韋所說的「湯武以千乘制夏、商，『因』民之欲也」，譯出來是：

「商湯王用一千乘車兵打敗了夏桀王，周武王用一千輛兵車制服了商紂王，由於他倆『給』了即滿足了夏民和商民的欲望。」

我們看第一講所講：周武王把「加富三等，就官一列」的條件「給」了膠鬲，又把「世爲長侯；守殷常祀；相奉桑林；宜私孟諸」的條件「給」了微啓，他倆滿意了，紂兵便都「倒戈」。

呂不韋所說「故『因』則功；專則拙。『因』者無敵。」譯文如下：

「所以，能把女子『給』敵人，或能將利益『給』敵人，就能達成『不戰而屈人之兵』的成功；專用武力，便是拙道。善用『貴因』原理的人，無敵於天下。」

「因」即「姻」，即「嫁」，即「給」；「給」後講為給與的「給」。不久，「因」又講為「利用」。我們懂得「因」被講為「利用」，就可以翻譯呂不韋的話了。他說「凡兵，貴其『因』也。」譯成為：

「凡屬作戰，貴能『利用』敵人。」

他說「『因』也者，『因』敵之險，以為己固」，譯文如下：

「『因』，就是『利用』敵人的險地，把它變成我們的堅固防線。」

這一個謀略，揭暄「兵經」稱為「借敵」。借用敵人地形的險要，這是戰術性的謀略；借用敵國全部國勢的險要，便是戰略性的謀略。前者例如「井陘會戰」；後者例如整個大陸被俄帝「利用」為俄國的藩屏及侵略亞洲的基地。他說「『因』敵之謀，以為己事」，譯文如下：

「『利用』敵人的謀略，達成我們的計劃。」

這也是揭暄所謂「借敵」的謀略，也就是非正式軍語裡所說的「將計就計」了。

綜觀世界戰史，「貴因」原始意義是婬女，即利用「美色」作謀略戰；演進為把利益給與敵人，即孫武所謂「爵祿」、「百金」（「用間」篇）；更演進為把「信仰」給與敵人。列表說明如下：

六因
- 一　美色
- 二　爵祿
- 三　百金
- 四　宗教
- 五　教育
- 六　主義

使用「美色」以進行謀略戰，始於氏族社會，盛於夏、周、漢、唐各朝；近代俄帝和日閥仍在使用。使用「爵祿」、「百金」以達成謀略戰，始於夏朝（如羿以「皐帝」這種最高的「爵祿」給中康）。使用「宗教」以進行謀略戰，始於摩西、約書亞的「出埃及之戰」，至東西羅馬戰爭中，東羅馬君士坦丁大帝便用基督教打敗西羅馬，而拿破崙之統一歐洲，也使用天主教。使用「教育」以達成謀略戰，始於英國，用於印度，培植各土邦的小皇帝，而逐次吞併了土邦。至於使用「主義」，則爲史達林所獨創。史魔把「馬列主義」「給」了各國人士，便組織成了各國的僞「共產黨」（實爲俄帝在各國中利用各國人編組而成的「第五縱隊」），建立了許多僞「蘇維埃共和國」（「人民共和國」），其首領都是俄帝的傀儡，而向它「一面倒」，於是俄國眞正達成「全國爲上」、「不戰而屈人之兵」，達成了孫武的戰略性的謀略。史魔是把「美色」、「爵祿」、「百金」、「教育」、「主義」（即「馬列教」）這「六因」多管齊下地使用，故各國人士紛紛上鈎。我們可以說：史魔創立這個「蘇維埃大帝國」，統治了幾十個傀儡（金日成、胡志明……之輩），奴役着八億多人民，只是一個戰略性謀略戰的成功而已。

「六因」使用的結果，便在各國製造出「五間」（五種間諜即「第五縱隊」），列表如下：

五間

一鄉間
二內間
三返間
四死間
五生間

「鄉間者，『因』其鄉人而用之」，編之為「黨」，如偽「中國共產黨」，編之為「軍」，如偽「中國人民解放軍」；「內間者，『因』其官人而用之」，名之為「主席」，如毛澤東，名之為「總理」，如周恩來；「返間者『因』其敵間而用之」，如許多各黨各派人士之被拉開國民黨左右，投入毛的懷抱；「死間者，為誑事於外，令吾間知之而傳於敵」，這種死間，通常以本國人任之；但最好是由敵國的「鄉人」或「官人」編成之；「生間者，返報也」，這種「生間」，通常也由本國人任之；但最好也由敵國的「鄉人」或「官人」編成之。「五間俱起」即「第五縱隊」編成，謀略家便用之以達成「全國」、「全軍」、「伐謀」、「伐交」的目的。

世界謀略史的大部份內容，便是「用六因，造五間」，支援戰局或支援會戰。

三　造亂原理

「造亂」二字也是一個軍語、一種謀略技術。孫武所創，他說：

「兵者，詭道也……利而誘之；亂而取之；親而離之……此兵家之勝，不可先傳也。」（「謀攻」編）

這話翻出來是說：「作戰，要用詭密的方法……什麼叫做詭密的方法呢？就是使用某種利益以誘惑敵國的失意份子；製造敵國國內的戰亂而勾引其向我『一面倒』；親近敵國的某一勢力而離間敵國的團結……這是軍事家的致勝妙計，不應該先傳揚出去呀。」但「造亂」的謀略思想則遠在夏、商兩朝已見於戰史，如窮羿製造太康和中康的內亂；周武王導演殷朝皇室的內亂，使紂兄微啓奔周，紂叔箕子奔韓。春秋時代甲國在乙國製造內亂，更是史不絕書，多達八十餘件（趙尺子「因國史」）。到周襄王元年，西元前六五一年，「造亂」才正式成為謀略的理論，即嬴縶對秦穆公所說：

「君君求置晉君而戴之，置仁不亦可乎？君若求置晉君以成名於天下，則不如置不仁以滑其中；且可以進退。臣聞之：『仁有置；武君置！仁置德；武置服。』」（左傳僖元年語）

這一年的九月，晉獻公逝世，他是秦國的眼中釘。獻公的四位公子，開始爭奪皇冠。秦穆公原想援助老三重耳；但秦國謀略家嬴繁主張培植老二夷吾。所以嬴繁說（上文的譯文）：

「您如果打算培植一個晉君而擁戴他作盟主，那麽就選一個仁君不也可以麽？您如果打算製造一個傀儡而您自己稱霸天下，就不如找出一個壞蛋以滑亂晉國；而且可以召之即來揮之便去。臣聽古人說：『仁君曾經援助他國；霸君也曾援助他國：仁君是支持有德的外國人；霸君都是支持「一面倒」的外國人』……」

「置不仁以滑其中」源出於「武置服」，這句理論爲孫武「亂而取之」即「造亂」的出處，比孫武早三四百年。

在這「造亂」謀略理論成立以前——商期初年，有謀略家仲虺（湯王的宰相），本已說過下列的話：

「兼弱；攻昧；取亂；侮亡。推亡；固存，邦乃其昌。嗚乎！殖有禮；覆昏暴。」（書經「仲虺之誥」）

又，左傳襄十二年引文說：

「仲虺有言曰：『亡者侮之；亂者取之。推亡；固存，國之道也。』」

這兩段話，文字雖異，意義則同，都主張「取亂」即乘敵國內亂而征伐敵國，可以說是「利用敵人內在矛盾」，屬於消極，這是低級的謀略；到嬴繫「置不亡以滑其中」和孫武「亂而取之」，進化爲製造敵國的內亂，可以說是「製造敵人內在矛盾」，屬於積極主動，這是高級的謀略了。由「利用敵人內在矛盾」的理論到「製造敵人內在矛盾」的理論，大約經過一千五百年的演進。

「利用敵人內在矛盾」而對敵人作戰，就連至聖孔子也懂得運用呢。

周敬王三十九年，西元前四八一年，齊簡公被權臣陳恒殺死，孔子要利用這機會伐齊，左傳哀十四年，說：

「齊陳恒弒其君——壬——于舒州。孔子三日齋而請伐齊三。公曰：『魯爲齊弱久矣！子之伐之，將若之何？』對曰：『陳恒弒其君，民之不與者半。以魯之衆，加齊之半，可克也。』公曰：『子告季孫。』……」

翻譯出來是說：「齊國陳恒殺君——名壬——於舒州。孔子齋戒沐浴了三天，每天見魯哀公一次，先後三次請求討伐齊國。哀公說：『我國被齊國侵略得已衰弱很久了！您說去打它，有什麼妙計呢？』孔子說：『陳恒殺死他的君王，齊國官民有一半未曾參加，且表反對。我們若用本國的兵，聯合齊國的一半反對派，共討陳恒，是可以打敗他的。』哀公說：『您告訴季孫去罷。』……」我們看陳恒殺君後，國內出了一半反對派，這是齊國的內在矛盾；孔子便要利用這反對派即利用內在矛盾了。

至於製造敵國內亂即矛盾而對敵人作戰，在戰史裡最標準的事例，出現於周靈王二十二年，西元前五五〇年，孔子二歲。這以前，齊晉兩國在三十五年之間，大戰四次，都是晉勝齊敗。周靈王二十一年，晉國失意貴族欒盈逃到齊國。他是被行政院長范匄抄家滅門，急於聯齊倒范報仇；齊莊公也正好利用他製造晉國內亂，以圖勝利。欒盈到齊次年，晉平公嫁女，依當時習慣，齊國應有女儐相陪嫁。莊公抓緊這個機會，派大謀略家析歸父去送女儐相，而這個女儐相却是由欒盈男扮女裝而成。析歸父用蓬車載着欒盈和欒黨智起、中行喜、州綽、刑蒯等人，送到曲沃。欒盈到了曲沃，會合自己的基本勢力——胥午，聯絡晉京絳城守將魏絳，攻入京城，包圍固宮，將晉平公和范匄圍在宮內，双方大打巷戰。結果，欒盈是敗退了；却退保曲沃，和晉國中央對立，成爲齊國的僞「中華蘇維埃共和國」。齊莊公在欒盈走後，便出兵攻佔魏國的朝歌，分爲兩路：左翼入孟門（孟縣），攻陷郫邵（垣曲）；右翼上太行，進佔熒庭（潞縣），然後會師少水（滄河），直迫曲沃：於是齊兵和欒兵構成「內應外合」的態勢。只惜齊兵來晚了三個月，欒兵業已全軍覆沒。這個謀略很藝術化；但缺乏科學化（齊出兵太晚，聯繫不佳），所以未能成功。至第三年，西元前五四八年，晉國又來伐齊，先勾通權臣崔杼，弒死莊公；從此崔杼當政的齊國，也成爲晉國的　「中華人民共和國」。這段戰史詳載於左傳、史記和拙著「因國史」等書。

近代俄帝善於「造亂」，它所用的「神妙謀略」（　總統「反共抗俄基本論」中語），便是「唯物辯證法」。　總統說：「他們的戰略思想和戰術原則，是從『唯物辯證法』出發的」（「解決共產主義思想與方法的根本問題」，以下引文均同）。「唯物辯證法」不是什麼「哲學」，如果說它是「哲學」，乃是「造亂哲學」；也不是什麼「邏輯」，如果說它是「邏輯」，乃是「造亂邏輯」。

「唯物辯證法」有三個「定律」：

甲　矛盾律　「認爲一切事物，均有其內在的矛盾，而永遠無法協調和諧。」「要隨時抓住敵人體系內同一性中的差異性，並基於這「差異性，使之轉變爲相反性，再由相反性逐漸變爲矛盾性，以加強和擴大敵體的矛盾，終使敵人體系歸於瓦解。」

乙　質變律　「質變律是用來說明事物的發展。他們以爲新事物的發生，決不限於同一事物單純的『量』的變化，故『質』與『量』的問題，同時提了出來。他們以爲『量』的變化，在某種程度時，『量』還是『量』；但超過了一定的程度，才有『質』的變化。『量』的變化是漸次的連續的變化；『質』的變化，却是突然的飛躍的變化。」

丙　否定律　「共產　徒們因爲相信『否定之否定是自然、社會和人類思維具有最普遍最擴大作用的發展法則』（恩格斯語），因此肯定：『自然界中，一面始終有某種東西在產生和發展；一面始終有某種東西在敗壞和衰頹』（史達林語）。基於這一思維法則，共產　徒遂視自然界的一切事物，都是彼此鬪爭，互相殘害，一個否定一個的。在他們看來，『否定』是本質發展的契機，那就是說：對立物的統一自身之中，所具有的否定性，克服了肯定性，而完成其自身的否定。」

而「他們所謂『唯物辯證法』的三大律，實在都是從他『矛盾律』出發的。所以『矛盾律』是『唯物辯證法』的中心定律，其首要的地位是決不變更的。實在說：他的『質變律』僅是其『矛盾統一的進程』；而其『否定律』亦不過是其『矛盾統一進程』的持續化而已。我們只要真正理解了他們對『矛盾律』的應用，那麽對其餘兩律的作用，就很容易推知了。」

一百多年前，馬克斯承繼黑格爾辯證法而發明「唯物辯證法」，只是要為他的「階級鬥爭」找論據：用「矛盾律」論證「階級鬥爭」不可避免；用「質變律」論證「資本階級」於漸漸地「量變」之後，必有飛躍的「質變」——「無產階級」也在漸漸地「量變」之後，必有飛躍的「質變」，這就是說「階級鬥爭」即如「無產階級」鬥爭「資產階級」必能成功；用「否定律」論證他所謂「一部歷史就是階級鬥爭史」的合於「哲學」原理。馬克斯在所著各書裡完全應用「唯物辯證法」，指導「共產黨」，「擴大矛盾，加速突變，製造否定」，對「資產階級」進行鬥爭即作戰。」

唯物辯證法」是馬克斯的戰術典範。

但傳到史達林手中，便變成他的「神妙謀略」，用「唯物辯證法」吞併世界。他把「矛盾律」用在中國（各國類推），製造了國共的矛盾；把「質變律」用在中國，製造了共奸的「統戰」，使國的「量」漸漸變化爲少，共的「量」漸漸變化爲多，最後達到「突變」：國府撤退，中共勝利；把「否定律」用在中國，製造了中共近九年的一切鬬爭。史達林使用「唯物辯證法」製造了中國的內亂，以達到吞併中國；也製造了大陸的內亂，以達成控制毛。總統說：「我們試一回顧本黨三十年來的反共歷史，就可以憬然於中共完全是將其『矛盾律』的法則，循環運用，以擊敗本黨。他們先搞『統戰』，以利用、分化、拉攏的手段，作相互滲透，以分化本黨和孤立本黨。後來又有所謂『武裝鬬爭』，那就是利用國軍各種弱點，拼命製造我們內部的矛盾，轉移國軍的注意力，以便擴大他的武裝叛亂，來達到其目的。過去因爲大家沒有認眞研討，確切運用，更不注意這個法則，去熟籌對策，反擊敵人，結果處處爲敵人乘虛抵隙，坐令中共對我

『擴大矛盾』，『製造否定』，『加速突變』，致使我整個大陸爲其竊據」，這是愷切訓示「唯物辯證法」這種「神妙謀略」所發生的作用；並勉勵我們「確切運用」以「反擊敵人」，即以其人之道，還治其人之身。

使用「造亂」原理，在敵人中製造變亂，揭暄「兵經」稱之爲「令彼自鬪」，基本技術是「置不仁以滑其中」。至於如何「置不仁」？運用「貴因」原理。如何「滑其中」？則有下列四種：

四戰
- 一　情報戰——「伐謀」
- 二　游擊戰——軍事戰
- 三　破壞戰——政治戰、外交戰、經濟戰、心理戰、思想戰、文化戰、社會戰
- 四　內應戰——「全國」「全軍」

「用六因，造五間，打四戰」（見趙尺子「反共抗俄經驗談」），這是最實用的謀略——戰略性的謀略；但也能應用它以支援會戰。

四　隱體原理

「隱體」二字也是一個軍語，一種謀略技術。係

第一次世界大戰後，蘇俄元帥托羅斯基所創的名詞，民國十六年我們譯爲「隱身戰」，義大利人譯之爲「看不見的戰爭」，民國三十六年定名爲「隱體戰」，用「隱體戰」配合「總體戰」。本講義將用「隱體」二字，概括謀略戰史上許多技術。

所謂「隱體」，是把作戰的目的、實體（部隊、人員、裝備和工事設施）隱匿起來，使敵人完全不明我們的企圖和實力，至必要時機，予敵以致命打擊，而使其防禦體系解體。這一軍語創造人托羅斯基，在一九一七年親自使用這種謀略以支援列寧對克倫斯基的內戰。

在列寧推翻克倫斯基的戰爭中，托羅斯基爲「五人軍事委員會」（或譯「革命軍事委員會」）的委員長。當時列寧的作戰計劃，是在俄國普遍組織「蘇維埃」，領導工人、農民、士兵、學生定期暴動、罷工、罷戰、罷課、罷市。他自從被德國用閉窗火車秘密送回俄國之後，自五月開始，便秘密地在彼得堡的貧民窟裡，化裝工人，積極展開「蘇維埃」的組織工作。從謀略戰的立場說：這也是一個謀略戰，而且是戰略性的。列寧作戰的「體」是「蘇維埃」。托羅斯基則爲「士兵蘇維埃」的組織者和指揮者。托羅斯基在列寧的戰略性的謀略戰中，準備一個戰術性的謀略戰。他認爲列寧的謀略未免迂濶，他說：「一種叛變必須組織起來，暴動隊伍必須加以訓練。只要少數的人；大衆是沒有用的——一個小隊伍便够用了」（引文均見「叛變與革命技術」和托氏自傳）。又說：「全民太過於笨重，實不適於革命。只要有一個小隊伍，冷靜而強烈，受過革命戰術的充分訓練，便够。」又說：「我決不以爲革命是這麼複雜的。危險的事物常是極其簡單。」所以他公式化地說：「革命並不是一種藝術；是一種機器。只要專家把牠發動；發動之後也只有他們能把牠停止。」歸納他的意思：他反對列寧的「革命是一種藝術」的說法，不主張由「蘇維埃」領導暴動；而主張使用少數受過訓練的部隊（專家）像開動「機器」一樣，來開動「革命」。

基於這種理論，托羅斯基在奉命組織「士兵蘇維埃」的同時，個人便以革命技術專家的資格，從「蘇維埃」裡選拔了一千名工人、士兵、水手，組織了一個「衝鋒隊」。這個隊伍的組成和怎樣作戰，他並未告知列寧。他將這一千名「衝鋒隊」，依照戰術上的必要，分編爲三百多個戰鬪小組，每個小組裡有技術工人一二名，士兵二名。例如以電燈廠爲攻擊目標的小組，便編入電燈工人一名或二名，士兵一二名；以軍火工廠爲攻擊目標的小組，便編入軍火工人一名，士兵二名，純粹依技術觀點作編組要領。

然後開始爲期十天的「隱體演習」。演習的實況是這樣：「小組的便裝工人、士兵和水手，遊蕩於電話局、電報局的走廊上，和中央郵政局、政府機關及總司令部裡，注意機關的排列，視察電燈、電話如何裝置。他們想像着記憶着這些建築物的圖形，研究一旦接着作戰命令時馬上加以佔領的方法。他們考量成功的機緣，估計着對方，找尋國家的技術、軍事和公務機關的最少抵抗的地方，最弱而最易受損的地方。」「托羅斯基把彼得堡的技術機關圖形完全抓住了。戴明柯的水手們，以兩個工程師和若干機器房巧匠的協助，把地下的瓦斯管和水管、電力線和電話電報系統完全弄明白了。其中兩人探搜參謀本部的總部下面的溝渠。因之把一個整個區城或僅止一群房屋隔絕之事，應使能於幾分鐘內做到。」演習結果，「托羅斯基便把全城分爲若干區，決定那幾個爲戰術的要點，把工作按區分配給各小組的士兵和工人。」這種「隱體演習」在彼得堡舉行了十天，完全井然有序，種種節目都準確無訛。演習瞭解情況；情況修正計劃。十天之後，克倫斯基首都的三百多個政權機關，完全陷入托羅斯基隨時可以用一個小組便加以佔領的狀況。

第十一天上，一九一七年十一月七日，托羅斯基下令開始「隱體攻擊」。這一天，原是列寧決定秘密召開全國「蘇維埃」大會的前一天。列寧預定八日召開這個大會，因爲他從五月秘密工作到現在，「蘇維埃」已普遍地秘密地建立起來。他預定在大會上決定革命於某一天開始——即罷工、罷戰、罷課、罷市在某一天開始。開始的日子，還待大會來決定；但托羅斯基在列寧還沒有開會決定日子之前，已下達了隱體戰的命令。當時，由各方秘密到達彼得堡的「蘇維埃」代表，分別潛居在下處裡、旅館裡、工場裡、商店裡，等候明天赴會。列寧化裝一個老工人，帶着假鬍鬚，住在威保格工人區，手不停揮地寫他明天對大會的演說稿。克倫斯基還在召開國務會議。彼得堡平靜無事。

七日是一個晴朗的大白天。「衝鋒隊」在接到托羅斯基的命令後，「還不到一會……已經奪取了電報總局和涅瓦河上的橋樑。（佔領這道橋，爲得要擔保城市中心和威保格工人區交通線的安全。）戴明柯的水手已經佔住市電氣局、瓦斯廠和火車站……電報總局本由十名左右警察和士兵防守；戴明柯的三個水手，他們參加『隱體演習』，已經熟悉那塊地方，潛入守衛隊中，直入辦公室去，從窗口向街上擲下幾顆手榴彈來，他們便造成了軍警的混亂，兩小組的水手跑上來，佔了軍警的位置，用電報總局的機關槍把守着。」克倫斯基的電報總局，於是變成托羅斯基的電報總局了。其他三百多個機關亦復如是。

「於是托羅斯基奪取了所有公共事業，冬宮（克倫斯基政府所在地）內的各部長是不能統治了，政府辦公處並不工作了，政府已和俄國其他部份隔絕了，種種交通工具都在『衝鋒隊』手中。郊野所有的道路都堵住了，沒有人可以離城他往。但堵路的部隊以及佔領各機關各學校各工廠……的武裝者，却都穿着克倫斯基的制服，人人都以為這是克倫斯基的『兵變』。總司令部（克倫斯基兼俄國總司令）也隔絕了。「克倫斯基認為列寧已發動了革命，趕快電令軍校學生入衛；但電話打不出去，派遣多次傳令，也無法通過市街。他設盡千方百計，好不容易地才到達軍校；但値崗的『學生』（也是化裝的『衛鋒隊』）說：『奉命：任何人不准出入！』他以為列寧已控制了彼得堡，事已無望，只好逃到黑海艦隊上去。」克倫斯基政權從此垮台。

這時的列寧，看到市街戒嚴，電話、瓦斯、電燈完全斷絕了，以為克倫斯基要一閉門大索」逮捕自己，正準備遷地為良。但也有的傳說是「共產黨革命起來了」。列寧的頭腦很混亂，這究竟是怎麽一回事？突然，托羅斯基走進門來，一手扯掉列寧的假鬍鬚，同時說：「革命已竟成功了，請你進入冬宮，召開全國『蘇維埃』大會！」

這是戰爭麽？是的；但不是正規戰正兵戰，而是奇兵戰即以謀略隱匿並支援的戰爭。由這個戰術性的謀略戰史上，我們看到：一、從事謀略戰，首先是「隱」起作戰的「體」來，不但對敵人「隱」，便對自己上中下三級也都要「隱」；二、這種謀略部隊必須由有信仰、有士氣、有技術的官兵組織而成，而且必須經過科學化的「演習」，絕不容使用烏合而無訓練的官兵；三、托羅斯基的編組指揮眞是藝術化到了極點；四、用謀略打擊不懂謀略的敵人，這敵人絕對不能防禦。

托羅斯基所指揮的這一戰役，由俄國受訓的各國學生普及了全世界，一九一八年以後的所謂各國「共產黨」，就實質上說，統通是俄國的「衝鋒隊」。他們「隱」在「共產黨」的化裝之下，後來漸漸「隱」在政府官吏、「職業學生」以及「民盟」的化裝之下，在我們內部「演習」了近三十年，等待民國三十四年他主子史達林命令一下，他們便替代俄帝奪取了整個的大陸！我們可以肯定地說：俄帝亡華，祇是實施了一場「隱體」的謀略戰而已。

但「隱體戰」這名詞雖是托羅斯基創造的；而「隱體戰」思想却是由

中國傳到俄國去的。我們從春秋開始，正式看到這種「技術」，曾被使用於鄭太叔對他哥哥鄭莊公的內戰中。當西元前七二二年五月的某一天，太叔領兵從外面來攻鄭國的首都；而他母親武姜「隱」在城內作內應。事見左傳隱公元年，即古文觀止上的「鄭伯克段于鄢」那篇文章了。以後我國戰史，史不絕書。至蒙古西征，傳入俄國。

當戰國時期，我國孫武十三篇綜合上古戰史，創造「隱體」原理，見「虛實」篇，說：

「形兵之極，至於無形。無形則深間不能窺，智者不能謀。因形而措勝於衆，衆不能知。人皆知我所以勝之形；而莫知吾所以制勝之形。」

「形」就是「形容」，也就是「表示」，所以「始計」篇又說：

「能而示之不能；用而示之不用；近而示之遠；遠而示之近。」

「能」即已有作戰目的和實力（「體」），却做出種種態勢，迷惑敵人。「用」即已開始用兵，却做出「塗有所不由，軍有所不擊，城有所不攻，地有所不爭」（「九變」）等態勢，使敵人莫測高深。本欲攻擊敵人近我的城，却「表示」行將攻擊敵人距我較遠的城；或欲攻擊敵人遠我的城，却「表示」行將攻擊敵人距我較近的城，這就叫做「形兵」。做到最科學化最藝術化地步，遂「至於無形」即「隱」起來了，使敵人所派「深間」眼花迷亂，不能窺知我方的企圖與實力，使敵人的「智者」也莫名其妙，無法進用他們的謀略。這是以「示」爲「隱」，較托羅斯基更高一級深一層的「隱體」。「形兵」即「示」才是科學化藝術化的「隱體」，須用加倍的智慧，加倍的技術。以爲像托羅斯基所使用的「體」（兵力）不過千人，這原是很容易「隱」起來的；至於國對國之戰，用兵十萬百萬，實在無法「隱」，所以以「形」即「示」爲「隱」。我們在史達林的謀略戰史上，找到以「形」即「示」爲「隱」的實例。試看史達林從來不諱言「世界革命」即征服世界，一切報告、論文都公然「形諸筆墨」：因之世界各國政治家、軍事家便不加以注意了，這眞正作到「至於無形」的地步了。史達林侵略世界的工具即各國「共產黨」，無不公然宣佈爲「共產國際」

的「支部」，無不高談「世界革命」：因之世界各國政治家、軍事家也就視若無覩，認「共產黨」爲合法的「政黨」了，這也眞正作到「至於無形」的地步了。托羅斯基以「隱」爲「隱」，有其妙用；史達林以「形」即「示」爲「隱」，更有其最大的妙用。史達林的謀略，確能彷彿十三篇高一級深一層的謀略。最公開的就是最秘密的。

進一步我們研究十三篇「隱體」原理，其戰史根柢固在左傳，而其理論淵源，則爲老子「道德經」。「道德經」說：

「將欲取之，必姑予之。」

依十三篇文法，這八個字可譯爲「取而示之予」，軍事思想脉胳，顯然是一致的。古今大謀略家無不適用這一原理，在戰術範疇內，謂之「嘗」，就是先給當面敵人一點小勝利，使其輕我，使其不備；然後一舉而殲滅之。在戰略範疇內謂之「誘」，就像今天俄帝先給毛澤東一個「中華人民共和國」，然後淪之爲附庸。當「嘗」與「誘」時，又曷嘗不是使用「穩體」的謀略？

這個「隱體」原理，在戰史左傳上分別名爲「弱」、「強」、「詭」……等等「技術」，將在第三講裡再作戰術性的分析。

五　備物原理

明末兵學家魏禧研究謀略戰史，在左氏「兵法」二十二字訣裡，談到「備物」。他說：

「何謂物？兵之變無所不有，故物無所不備。」

是說：作戰乃千變萬化的事，每一變化都離不開「人物」、「地物」、「財物」、「器物」：所以必須具備各種事物。戰史昭示我們，最成功的謀略家，正是最大方的「備物」家。首從「人物」方面看，「商之興也，伊摯在夏；周之興也，呂望在殷」（「用間」）；若無周公，誰能策反膠鬲！若無召公，誰能拉攏微啓（呂氏春秋）！齊國復興，功在田單的反間（讀史兵略）；秦滅六國，由於張儀的連橫（史記）；漢高祖信用陳平，六出奇計；楚覇王放還范增，身死烏江（史記）……能以上智爲參謀，匹夫可帝，弱兵可強。次從「財物」方面看，「加富三等」，膠鬲降周；「相奉桑林」，微子叛紂（呂氏春秋）；高祖黃金四萬斤，陳平厚遺胡閼氏（

史記）……欲謀大計，何惜小錢！更從「器物」方面看，「天下」物也，懷王約曰「入關者王」；「土地」物也，張良建議封予韓信；皇帝、公侯、大夫、將軍皆大物也，謀略家都可以慷慨贈人；妹喜、妲己，褒姒、西施皆美物也，謀略家也可以欣然奉献。我們深深體會出「爲人，己愈有；予人，己愈多」（老子）的偉大價值。

近代日俄兩國善用謀略，就其對我國所施行者看來，無論「貴因」、「造亂」、「隱體」，都發生預期的效果，也純由於他們重視「備物」原理。先看日閥關於謀略「人物」的準備。日本自從明治維新製定「大陸政策」的時候開始，便積極儲備謀略人才。其參謀本部在正式軍校裡養成人才，並在我國上海設立「同文書院」，培養精通漢、滿、蒙、回、藏、俄語而又擅長謀略的青年。其退伍軍人團體「黑龍會」等等，也在公私資助之下，訓練謀略人才。至我光緒二十年，一八九四年，中日戰爭之前，日本謀略家內田良平等人，已在朝鮮培植出僞「一進會」，造成「東學黨」之亂，策動朝鮮向日本「一面倒」，次年，我國戰敗，訂立馬關條約，朝鮮遂告「獨立」，這是一個戰略性的謀略戰的成功。到我中華民國成立，一九一二年，日本謀略家川島浪速（川島芳子的義父）支持肅親王善耆，在大連辦理僞「宗社黨」，編組僞「蒙古獨立軍」，以巴佈扎布爲「總司令」，製造東北境內五年的釁亂。到民國二十一年，日本關東軍特務機關（謀略機關）長土肥原賢二，和川島浪速等人，組織僞「協和會」，導演僞「滿洲國」，以溥儀爲傀儡，擾攘到三十四年日本投降。這一期內土肥原導演「華北自治」，板垣、笹目（恒雄）、松室（孝良）、盛島（角房）……等大小謀略家，搞出僞「蒙古聯盟自治政府」和呼之欲出的僞「西藏國」、「回回國」。僅就精通蒙語蒙俗化裝喇嘛潛伏蒙古十餘年以上的日本特務（謀略家）算來，便不下四百餘名。我國抗戰八年，到處均有日諜和漢奸，這都是日閥數十年來處心積慮所布置的謀略工作的成果。

日本謀略家在我國活動，所用的「財物」，也特別充沛；其特務機關對於謀略人員的待遇，大約高過軍部普通參謀三至五倍，使我們測定其參謀本部所控制的謀略經費應是相當的龐大。單看民國二十五年一月起，他們供給僞「蒙古軍政府」的軍費，每月便是三十萬銀元。而其謀略人員所能運用的「器物」，從槍械、火藥、汽車到飛機一切「造亂」用具，無不源源供應。二十五年綏東之戰，二十六年以後五原之戰，僞軍損失槍械均在二三萬枝以上，但都在二三月後便補充齊全。我們勝利當時，僞軍約在六十萬以上，所用裝備（餉糧在外）都由特務機關供應。——日本軍閥在謀略方面的「備物」，眞是令人驚嘆不置！

然後談到俄帝。他的所謂「第三國際」實爲謀略機關，較日本參謀本部尤有過之。「第三國際」的常委執監委實集各國謀略家的大成；而俄籍領導人也無一不是謀略家。最出名的謀略家如初期的維丁斯基（一譯胡定斯基），一手導演外蒙僞「青年黨」和「外蒙古人民共和國」及「中國共產黨」，中期如鮑羅廷、羅明納茲，後期如李德，都是翻天覆地的謀略人才。俄帝所用的謀略經費，較日閥支出者當爲更多，據美國估計，每年在三億到十億美元之間。難怪各國「共產黨」、「解放軍」經費寬裕，軍火充足了。

綜觀日俄兩國在二十世紀上半年年代所以大肆活躍，其基本道理在善於運用「備物」原理。日本參謀本部和俄國「第三國際」在謀略「人物」、「地物」、「財物」、「器物」上確實花過大錢。反觀我國，自清末「武備學堂」起，向來忽視謀略戰；不論對外對內作戰，也只講硬打和死守，不講謀攻和謀守。我們的國家預算裡，從來沒有謀略經費。

以上係就政府和軍部方面關於謀略戰「備物」的有無、大小、多寡、巧拙，而指出其勝敗的道理。其次在謀略戰本身，更應重視「備物」。戰略的戰術的各級謀略機關如不科學地藝術地準備謀略地圖（通稱偽地圖）、謀略計劃（通稱偽計劃）、謀略情報（通稱偽情報）、謀略電信（通稱偽電報）、謀略陣地（通稱偽工事）、謀略設施（通稱偽設施）和謀略團體（通稱偽組織），則其謀略戰也無法實施。

關於謀略地圖的故實，茲舉一例。當一九〇三年日、俄開戰，到一九〇五年議和，日本以蕞爾的小邦戰勝了龐然的大國，很使世界感到驚異。日本人檢討自己勝利的原因，一向歸功於小學教育。此說盛行到一九三一年左右。這一年有一位名醫逝世，公佈他的自傳，世界和日本人才知道日本勝俄的眞正原因，由於一張謀略地圖。先是，日本名首相桂太郎之子，任駐俄武官。此人精通謀略，欲對俄國女諜之來追踪自己者，實施反間諜，遂和女諜發生戀愛及肉體關係。至日、俄開戰前數月，這一女諜脅迫日本武官，謂如不交出日本對俄作戰計劃地圖，她將宣佈武官和自己的姦情。而此一姦情爲日本對武官的禁例，一經宣佈，其武官只有自殺或回國入獄，名譽也就掃地無餘了。武官乃又僞做被脅迫而許之，遂回國，謀於其同學某醫生，謂「武士報國，應當如何？」某醫生告以「惟有犧牲生命」。武官說：「我以爲報國不只應犧牲必死的生命，更應犧牲人類第二生命的名譽。」醫生頗贊成其說。此武官遂告以自己對俄女諜的謀略，決供給日軍攻俄軍略地圖，以誤俄軍而使之失敗。武官遂竊取日本參謀本部所給我東北軍用地圖，二人經數月設計，將日本作戰計劃一一記於地圖之上，如某處當攻，用兵力若干，某處不攻，而實施佯動之類；但和日軍眞正攻擊計劃無不相反。至日俄開戰前兩月，武官密將地圖遞交俄國駐日使館，轉送俄國。這種交通方法，也係女諜要求武官履行者。地圖達到俄國參謀本部後，研判結果，認定純係僞圖，因圖上所示攻擊計劃，和過去多年俄方偵查者完全不同，遂棄諸檔櫃。不意一月後，即距日俄開戰前一個月，此武官忽被軍部逮捕，不久即秘密處死。這一情報也經俄國駐日使館，電報本國。於是俄國參謀本部以爲武官既經伏法，則其所供給的地圖必係眞實，因根據此圖，重新佈署兵力：凡地圖註明攻擊地點，均調駐重兵並加強工事。及戰事旣起，凡俄重兵所在處，均未被攻，而無兵防守之點，遂任日軍輕易登陸，如貔子窩登陸，乃日軍登陸最成功的一役，依俄人原定計劃——亦根據情報而作爲者——本有重兵，臨時才依武官地圖調住安東，其地空虛，日軍遂安全登陸，而遂行對旅大後方的包圍。總之，每一俄軍防守處均無日軍來攻，而俄軍不守處，皆被日軍所攻入，並速快達到會師而致俄軍大敗。日本參謀本部對俄軍如此部署，甚至亦表驚異，而莫明其妙。——直到戰後二十多年，醫生宣佈自傳，始知係此武官犧牲生命和桂太郎家全部名譽，做出這一瞞蔽本國並欺騙俄國的謀略地圖，造成日軍的大勝。這位武官蒙寃數十年始得到政府的褒揚。民國二十四五年，這樁謀略事件，正式見報。

從這樁謀略地圖，我們知道：當我對敵人實施謀略戰，必須尋出適當的時機——以敵人接受我文件而修正其作戰計劃但不及再度改正爲唯一時限——準備僞地圖、僞劃計、僞情報、僞電報等等，並須加以科學的配合和藝術的運用，使敵人堅信不疑。這就是孫武所說：「爲誑事於外，使傳於敵」。

作戰双方那一方「備物」充份而巧妙，而其謀略家運用其「物」又復高超，則勝利必屬於這一方。

上邊我們指出謀略戰計有「貴因」、「造亂」、「隱體」和「備物」四個原理也就是四個要領，這是從中外戰史上抽象而紀錄出來的。凡屬我國戰史和兵書——一部「中國兵學大系」——所列舉的謀略訣方，以及中外兵學家所著謀略書籍，凡合於時代性的大體都已包括在這四項原理之內。這四個原理，從大處說，可以適用於支援戰略；從小處說，也可以適用於支援會戰。適用於長期的平時；也適用於短期的戰時。中日關係史和中俄關係史深深地警告我們：數十年來日閥俄帝對我所作的謀略戰，實未超出上列的四個原則；而我們竟連一個原則也未能做到。

第三講 戰術性謀略的運用

在這一講裡，我們將要根據上一講所提出的原理，說明本軍對於敵軍怎樣運用戰術性的謀略。

當本軍在整個戰略指導之下，依原有經費和建制，進入戰區，遭逢一定的情況、一定的地形、一定的地物，而須實施謀略戰以支援會戰，本軍所能運用的謀略技術，分爲左列的四項：

一 貴因原理的運用 第二講所講「貴因」的要領，是把「美色」、「爵祿」、「百金」、「宗教」、「教育」、「主義」給予敵國的「鄉人」、「官人」、「敵間」，製造「鄉間」、「內間」、「反間」、「死間」、「生間」。這須在平時長期對敵人實施，方奏巨效；但在當面的戰場上，也必須儘可能地實施「貴因」謀略。

甲 「內」 魏禧左氏「兵謀」說：「何謂內？在外曰姦，

在內曰宄。內爛于外，人得而知也；魚潰於內，人不得而知也。敵侵于外，奸伏于內，不可支矣。是故兩軍相對，申叔展問河魚腹疾者，內也（宣十二）；宋華元夜入楚軍，登子反之牀者，亦內也（宣十五）……」魏氏所述「兵謀」、「兵法」共五十四字訣，每訣都列有左傳（春秋時代）戰例二三個到一二十個。本講義引用各訣，擇要翻譯原文一段，不及遍錄。務希讀者誦習原書。這段所謂「申叔展問河魚腹疾」，是一個在戰場上利用舊日友誼，分化敵人軍官使之避戰，也即在客觀上利用他爲內奸的有趣故事。左傳原文，說：

「冬，楚子伐蕭。還無社與司馬卯言；號申叔展。叔展曰：『有麥麴乎？』曰：『無。』『有山鞠窮乎！』曰：『無。』『河魚腹疾，奈何？』曰：『目於眢井而拯之！』『若爲茅絰，哭井則已！』明日蕭潰。申叔視其井，則茅絰存焉；號而出之。」

翻成語體，是：

「魯宣公十二年，周定王十年，西元前五九七年，冬天，楚莊王征伐蕭國。蕭國軍官還無社，和楚國軍官司馬夘，在戰場上交談；看到楚國軍官申叔展，還無社又招呼申叔展。他們現在雖是敵人，但原來是有交誼的。申叔展爲了分化還無社，使他不爲蕭國作戰，便打着謎語問道：『有麥麯麽？』意思是告訴還無社，楚兵一定可以打敗蕭兵，讓還無社拿酒來接風。還無社沒有聽懂意思，以爲申叔展眞地向自己討酒，便答道：『沒有酒。』申叔展又說：『有草藥芎藭麽？』意思是告訴還無社逃出泥水之中。還無社仍然沒有聽懂，以爲申叔展眞地向自己討藥，又答道：『沒有呀！』申叔展又說：『天冷得很，河裡的魚，肚子痛了，怎麽辦呢？』這是半明半暗地警告還無社，要他逃避，以免殃及池魚。這會，還無社才恍然大悟：危機已迫，只有向舊友求救了，遂答道：『請你看看枯井罷，快拯救牠！』意思是敗仗之後，自己決定避入枯井。申叔展乃囑咐他道：『你得把井用草蓋上，以便我好認出那一口是你避難的井；並且要在井裡哭。』這一番『密語通信』，申叔展便把還無社從敵軍裡策反了，在客觀上還無社已成爲失敗主義者即楚國的奸細了。明天，蕭兵被楚擊潰。申叔展去看枯井，上面蓋着茅草，便招呼還無社出來。」

乙「間」　「兵謀」說：「何謂間？間而撓之；間而離之；是也。……何謂撓？吳使長鬣三人，以伏舟側，而迭應，是也（昭十七）；伯州犁在楚，苗賁皇在晉（成十六）……是以敵爲間者也……」現在列出「伯州犁在楚，苗賁皇在晉」的譯文如下：

「魯成公十六年，周簡王十一年，西元前五七五年，晉厲公伐鄭；楚共王救鄭。楚在翼軍軍長子重，派太宰伯州犁，站在楚王所乘的瞭望車（巢車）上。伯州犁原是晉國的貴族，於前年逃往楚國，楚王用他作太宰，策畫反晉。楚王說：『那些騎兵在右奔跑，是何道理？』伯州犁答道：『召集參謀。』王說：『他們都集合到統帥部了。』伯州犁答：『那是開會，合謀的。』王說：『晉軍掛起幔帳了。』伯州犁答：『那是虔敬地向先君問卦呀！』王說：『幔帳撤下了。』伯州犁答道：『將要下達命令了。』王說：『晉軍很譟而且塵土飛揚了』伯州犁答：『將要塡井，平灶，而排隊呀！』王說：『都登車了。左邊的將帥和右邊的駕駛官執着兵器又下車了。』伯州犁答：『聽誓詞呀！』王說：『要出戰麼？』伯州犁答：『這還難以判知。』王說：『登車了，但左將右御都下車了。』伯州犁答：『作戰前禱告呀！』——伯州犁把晉軍軍情告知楚王。

「苗賁皇在晉厲公旁邊，也把楚軍軍情報告出來。苗賁皇是楚國鬬椒的兒子，於前些年奔晉，反楚。他告訴厲公說：『楚國的精兵良將都在中軍，這是王族。請王也派精兵，攻擊楚國左右翼，而用全體三軍強行中央突破，一定可以大敗他。』」

晉楚分別使用敵國的反對派，報告祖國的軍情；而伯、苗兩人也甘心爲之，其道理由於楚國把「太宰」的「爵祿」給了伯州犁；而晉國也把「爵祿」給了苗賁皇。

丙　「諜」

「兵諜」說：「何謂諜？間之曰間；諜其事曰諜。——濟西之役，戎侵魯而不知（莊十八）；無諜也！故曰：秦諜襲鄭而鄭知之者，諜也（僖三十三）……」這裡所謂「秦謀襲鄭而鄭知之」，便是有名的弦高犒師故事了。譯文如下：

「魯僖公三十二年，周襄王二十四年，西元前六二九年，秦國駐鄭武官杞子，派員報告本國，說：『鄭國讓我掌管北門的鎖匙，我軍如能秘密襲來，可以滅亡鄭國。』

「秦國派孟明、西乞、白乙，率兵東下。次年，進入鄭國的滑城境內。這時鄭國商人弦高正要到洛陽去做買賣，途中遇到秦兵。他先用自己座車所駕的四頭牛（韋）犒勞秦師，隨後又犒撈了十二條牛。他說：『敝國的君王，聽說元帥將要率兵，前來敝國，派我勞軍。這禮物太微薄了。敝國也為杞子的兵，準備了一天的給養；杞子的兵如果開走，敝國準備保衛他們一宿。』弦高並馬上派人報告本國。

「鄭國據報，派員往探杞子，都在武裝待發，磨刀，喂馬。這是要打開北門，內應秦軍了。

「鄭國派皇武子，見杞子說：『閣下久駐敝邑，可是牛羊豕都吃光了。爲了閣下將要出動，請到敝國國立公園去牽些麋鹿，怎樣？』杞子知道陰謀已洩，遂逃往齊國。

「孟明說：『鄭國已有準備，沒有希望了。攻之不克，圍之不濟，我們班師罷！』滅滑而還。

「四月，晉兵在澠池伏擊秦兵，秦兵全沒，三帥被俘。」

弦高這位愛國商人，臨機應變，阻止秦兵，並「諜其事」迅報本國，這當然是可遇而不可求的「諜」。我們特別提出此例，一方希望愛國人士聞風興起；一方要求本軍指揮官，多派搜索隊。

二　造亂原理的運用

上講所講「造亂」要領，是利用敵國的內在矛盾，或製造敵國的內在矛盾，導演敵國發生內亂。這須在平時長期對敵人實施，才能生效。但在當面的戰場上，也必須儘可能地實施「造亂」謀略。其技術，或網羅策反人才，對當面敵軍實行分化；或精通敵情，搞亂了敵軍戰略計劃；或行戰略的及戰術的奇襲，以打擊敵軍使之自亂。

甲、「致」、「兵謀」說：「何謂致？我欲戰；敵不欲戰（

守），而致（引出）其師，是也。——城濮之役，分曹衛之田以畀宋，拘宛春以怒楚（僖二十八）；河曲之役，晉深壘固軍，而士會使輕者肆焉（文十二）……」現列出「河曲之役」的譯文如下：

「魯文公十二年，周頃王四年，西元前六一五年，冬，秦康公伐晉，佔領羈馬（今陝西郃陽）。晉靈公派趙盾爲元帥兼中軍軍長，荀林父副之；郤缺爲上軍軍長，臾駢副之；欒盾爲下軍軍長，胥甲副之；范無恤指揮兵車。迎擊秦軍於黃河河曲（今晉西南）。臾駢說：『秦兵不能久戰，請深壘固守，待其自退。』元帥趙盾採用了這一『守勢防禦計劃』。

「秦軍利於速戰速決，於是康公問士會（晉奸）說：『這仗怎樣打？』士會說：『趙盾新派臾駢爲上軍副軍長，這一定是臾駢的戰略，用以疲老我軍。趙元帥的姪兒趙穿，是靈公的女壻，年輕，得寵，不通軍事，好勇而狂，而且看不起臾駢。本軍若能誘使輕狂的趙穿任性行動，便可以破壞了晉軍的堅守計劃。』

「十二月戊午日，秦軍突擊晉上軍；上軍依令，堅壁不出。趙穿獨率所部追擊；沒有追上秦軍。返部大罵，道：『領軍餉，穿軍服，本來是要打仗的呀！現在敵人來了，却縮頭不出，你們等待什麼呀！』一位參謀對他說：『待機出動！』趙穿說：『我不懂什麼戰略不戰略！我要單獨出擊！』遂率所部前進。

「趙元帥知道趙穿突出，必敗被俘，便道：『秦軍如果俘虜了趙穿，勝利而歸，我可怎向靈公交差呢？』遂變更臾駢原定作戰計劃，命令三軍改守為攻。兩軍接戰不久，各自退回原陣地。

「這夜，秦國的心戰人員對晉軍喊話，說：『兩國的兵都沒有重大傷亡，明天再戰！』臾駢又對元帥建議說：『這個喊話員目光浮動，言語誇大，實是懼怕我軍呀！秦軍這就要退却了。如果我軍立刻向黃河河岸大舉出擊，一定可以把他們打敗！』胥午、趙穿却立在軍門上大罵，道：『死傷不會收殮，扔在戰場上，這太不人道了！不到約定的時候，便迫人於險，這是沒有骨氣的東西！』趙元帥便沒有依照與騈計劃，而停止前進。當夜，秦軍便安全遁走了。」

士會精通祖國軍官的個性，軍官團的派系，報告秦康公，並爲策定「使輕者肆」的謀略，以破壞晉軍的「守勢防禦計劃」，引致晉軍出擊。可惜當時秦軍太弱，地形太狹；如果秦有強大兵力，地形又處邱陵，滿可以於引得晉兵出巢後，另以大軍包圍而殲滅之。

這一段戰史提示我們，可以利用敵軍軍官內部矛盾，搞亂了敵軍的作戰計劃。

乙 「間」 本講「貴因原理的運用」乙項提到使用敵國降人爲「間」的戰例；還有使用本軍被俘不屈的軍官爲「間」，而戰勝強敵的史例；也有本軍被俘不屈軍官自動爲「間」的史例。玆舉淝水之戰爲例：

東晉太元八年，西曆三八三年，秦王符堅親帥水陸大軍八十七萬，南下侵晉。晉兵只有八萬，由謝石、謝玄（元）、謝琰、桓伊等，率領出擊。符堅派朱序前來，囑他策反謝石。朱序是東晉的梁州刺史，駐守襄陽。太元四年，被苻堅攻破，不得已被俘。朱序私告謝石說：「若秦兵百萬全部到來，實難與敵；現乘諸軍未集，應速出擊。若敗其前鋒，則彼已奪氣，可以破之。」謝琰勸石依照朱序計劃，派劉牢之帥精兵五千，擊敗苻堅部梁成於洛澗，秦步兵騎兵崩潰，泅渡淮水，淹死一萬五千員名。

謝石全軍水陸繼進：苻堅登壽陽城，望見晉軍，部陣嚴整，又見八公山上草木，皆以爲晉兵。堅有懼色。

當時苻堅大軍三十餘萬，在淝水北岸，嚴陣以待；晉兵不能渡河。謝玄派員要求苻堅說：「君懸軍深入，而依水爲陣，這是持久戰，不是速決戰。若把陣地稍向後退，讓本軍渡河，一決勝負，不也好麽？」秦軍諸將都說：「我衆彼寡，不如原陣阻敵，使不得上，可以萬全。」苻堅說：「姑且引兵少退，使敵半渡，我以鐵騎迫而擊之，無不勝了。」遂麾兵使退。

秦兵本由鮮卑、羌等附庸雜牌編組而成，各懷異心；又見晉兵善戰，梁成大敗，因之更無鬭志，一退遂不可復止。謝玄、謝琰、桓伊所率晉兵渡河後，猛力衝擊；秦兵遂潰。玄等乘勝追擊，進展到青岡；秦兵大敗，自相踏踐而死者蔽野塞川。潰兵聽到風聲鶴唳，都以兵晉兵追來，晝夜不敢休息，加以飢凍，死者十之七八。符堅中矢，爲騎逃到淮北。

當秦兵後退，晉兵突擊的時候，朱序在秦兵陣後喊話說：「秦軍敗了！」這一宣傳，引起秦兵大奔，建制零亂，不可指揮。朱序乘亂，和張天錫、徐元喜等逃回本軍。

我們讀晉書，看到淝水之戰以前，晉軍最高統帥謝安鎮靜得出奇。當謝玄奉派爲前鋒都督時，秦兵已大舉到淮，都中人心皇皇。謝玄入見謝安，問計；謝安泰然自若地答稱：「已另有命令了。」便寂然不言。並出遊別墅，親朋齊集，圍棋爲戲。桓冲深恐國都（南京）失守，派精銳三千入衛；謝安堅不接受，說：「朝廷處分已定，兵甲無闕。」桓冲對部下說：「謝安石有大臣風度，但不懂兵略。現今大亂將到，他却遊山玩水，派幾個少不更事的孩子（指謝石、謝玄）出戰，我軍又少而且弱，大勢去矣，我們都要當俘虜了！」——在這種情形下，晉軍八萬竟能擊潰秦軍八十餘萬，創造戰史上的奇蹟，究竟道理何在？我們以爲有下列三點：一、秦軍組織不堅；二、淝水撤退錯誤；三、晉軍被俘軍官朱序自動爲「間」「造亂」，或朱序已奉謝安所謂「另有命令」，在敵後從事反宣傳。而這第三點似乎更爲重要。

根據淝水之役，看反攻大陸之戰，我們相信必有無數的朱序，屆時會自動地在奸軍中「造亂」。如果我們前方將領善於聯系，用種種方法「另有命令」給被俘不屈的國軍軍官，必更能生效。

丙　「潛」　魏禧「兵法」說：「何謂潛？潛而軍之，是也。——杞子自鄭使告于秦曰：『潛師以來，國可得也』（僖三十二）；鄭以三軍軍其前，潛軍軍其後，而敗燕師于北制（隱五）……」這裡「杞子自鄭使告于秦」的故實，我們已在本講「貴因原理的運用」丙項加以說明過了；現列「鄭以潛軍軍其後」的譯文如下：

「魯隱公五年，周桓王二年，西元前七一八年，四月，鄭國派兵侵入衞國的牧城（今河南汲縣）；衞國借南燕國的兵，抵抗鄭軍。「鄭軍祭足、原繁、洩駕三路，列在正面，擋着南燕軍；另派曼伯、子元，潛赴制城（氾水）發動地下軍。南燕軍只顧小心翼翼地對付鄭國的正面，却未防備地下軍。

「六月，曼伯、子元率地下軍，突襲南燕軍，南燕軍大亂，遂敗。」

這是我國戰史上使用地下軍突襲，製造敵軍後方擾亂的最早的一個戰例。

丁 「覆」 「兵法」說：「何謂覆？伏而乘之，是也。──北戎侵鄭，鄭為三覆以待（隱九）；絞驅徒役于山中，楚人坐其北門，而覆諸山下（桓十二）……」第一例的譯文如下：

「魯隱公九年，周桓王六年，西元前七一四年，北戎（北夏）侵入鄭國。鄭莊公說：『他們是步兵，容易運動；我們是車兵，不易展開，恐怕不好抵抗罷？』公子突說：『派兵稍稍和他們接觸，迅即退却，引他們前進；另設三股伏兵，兩側待命。他們的性格是勝不相讓，敗不相救。見我軍退却，必定輕進；遇我伏兵，必定速逃。後兵不會來救的，便不能作戰了。』

「莊公依謀而行。戎兵前頭部隊遇伏而逃；鄭將祝聃率伏兵齊起，分別突擊戎兵前後部隊的中央部份，戎兵大敗。」

第二例的譯文如下：

「魯桓公十二年，周桓王二十年，西元前六九九年，楚師征伐絞人（今湖南華容一帶），屯兵絞國南門。楚將莫敖、屈瑕說：『絞人輕敵寡謀。本軍不必保護打柴兵，可以引誘絞兵。』大將從其謀。

「第一天，絞人捕獲楚國打柴兵三十人。第二天，絞人紛紛出城，追逐打柴兵；打柴兵逃往北山。這時楚國伏兵突起，一方堵塞絞城的北門，一方截斷北山絞兵的歸路：大敗絞國，訂城下之盟而還。」

這兩段戰例的要領，都在製造敵軍手忙腳亂，也是「造亂」的涵種方式。依今天兵學看來，固然都屬平常無奇；但事都發生在二千七百年前，足見我國古代謀略家早就善於運用戰術性的謀略。

三 隱體原理的運用

第二講所講「隱體」的要領：在低級方面，是把作戰目的和兵力隱匿起來；在高級方面，是故意「表示」某種目的和兵力，做成種種態勢，迷惑敵人。

甲 「弱」

「兵謀」說：「何謂弱？強而示之弱，以驕之，是也。——晉士蔿不報虢，曰：『虢公驕，必棄其民』（莊二十七）；文公退三舍，以驕子玉（僖二十八）；鬬伯比請羸楚師以張隨（桓六）……」現列出「鬬伯比請羸楚師以張隨」的譯文如下：

「魯桓公六年，周桓王十四年，西元前七〇六年，楚武王侵入隨國（今湖北隨縣），派薳章赴隨都要求訂約。楚軍進駐隨國的瑕地，以作後盾。隨君派少師董正，來瑕訂約。楚國軍官鬬伯比向楚王說：『我國不能得志漢水以東，實屬咎由自取。我們耀武揚威，出兵東下；他國便恐懼而協力謀我，所以很難分化他們。漢水以東的國，以隨爲大。隨國擴張，必棄小國。小國離隨，楚國之利。董正爲人，粗心大意，可向他表示本軍的羸弱，引發隨國擴張的野心。』楚王便把兵車弄得破破爛爛，然後接見董正。董正看到楚軍衰弱，返國以後，便勸隨君追擊楚軍。隨君將要允許了；季梁，隨國的賢明謀略家，勸隨君說：『上天正支援楚國。楚師的羸弱，是誘敵呀！吾君不可着急！……』

這段戰史，用孫武的話講，就是「能而示之不能」和「卑而驕之」；用現代軍語講，就是隱匿兵力，使當面敵軍低估本軍，而造成錯誤，或輕率出擊，或疏於防禦，不增加兵力乃至減少兵力。

乙　「強」

「兵謀」說：「何謂強？弱而示之強，以慴（脅）之，曰也。——是故楚子敗津，而鬻拳脅以伐黃（莊十九）；楚大饑，而蔿賈請出師以罷（疲）百濮（文十六）……」現列出「楚大饑，蔿賈請出師以罷百濮」的譯文如下：

「魯文公十六年，周匡王二年，西元前六一一年，楚國大饑。戎國（夏）伐楚西南部，進到阜山（今湖北房縣西南），駐兵大林（荊門縣西北）；又伐楚東南部，進到陽丘，侵入訾枝（均在安陸縣境內）。庸人（竹山縣）率群蠻叛楚。麇人（陝西白河縣）率百濮夷，集中楚國的選地（江陵縣境），也將伐楚。申、息兩城，城門晝閉。楚國是處於外患內亂交迫之中了。楚莊王計劃遷都阪高。蔿賈說：『不可！我能往，寇亦能往。不如伐庸。查麇人和百濮人說我們大饑，不能作戰，才來伐我。若我出師，他們必懼而逃歸。百濮駐地分散，將各返本城，誰還有暇來謀我？』楚王採納蔿賈『攻勢防禦計劃』，遂出兵攻庸。十五天之後，百濮疲憊而退。

「楚軍乃自廬城前進，開倉同食，駐兵句澨（均縣）。派廬軍軍官戢黎，率部攻庸，進展到庸人的方城。庸人出擊，俘虜了戢黎部下的軍官子揚窗。三夜之後，子揚窗逃回，報稱：『庸兵很多，群蠻也都集合了。本軍不如退回句澨，和主力會合，並調御林軍，然後再戰。』楚軍參謀潘尪（師叔）說：『不可！姑且再給他們一些甜頭，以驕其軍。這樣他們兵驕，我們兵怒，然後才能打敗他們。先君蚡冒就是用這謀略征服了陘隰的。』楚兵遂又和庸兵作戰，七戰僞做七敗。這時庸兵序列裡的裨人、鯈人、魚人（今四川巴東永安），兵力原是不足作戰的，可也能追擊楚兵了。庸人輕視楚兵說：『楚兵不足和我作戰了！』遂不設備。

「楚莊王這時將全軍集中臨品（均縣西），分爲兩路：子越一路自石溪，子貝一路自仞，分進合擊。結果，秦人、巴人、群蠻紛紛投降，楚遂滅庸。」

這段戰史，是「弱而示之以強」，使當面敵軍軍心懈怠，我軍容易攻擊佔領，聚而殲之。

丙　「詭」　「美軍作戰綱要」所謂「詭計」和「擊東擊西」。茲譯「讀史兵略」一段，以作「詭」的戰例：

「東漢章帝章和元年，西曆八十七年，班超發動于闐（今新疆）等國的兵力二萬五千名，出擊莎車。龜茲（音其斯，當即今吉爾吉斯人）王率領溫宿、姑墨、尉頭等國兵共五萬員名，來救莎車。

「班超召集將校和于闐王會議。班超說：『現在，我們兵少，敵不住他們；不如各自散去——于闐兵從這裡向東退；本人也西返疏勒。等到夜間，一聽敲鼓，我們便分頭出發罷！』班超暗地弛緩了俘虜的繩索，使他們逃去。

「俘虜逃回，把班超退兵的情報，報告給龜茲王。龜茲王大喜，親率騎兵二萬，往西界去截擊班超；命令溫宿王率八千騎兵，到東界去截擊于闐王。

「班超偵悉二王已經出動，密召所部，直搗莎車大營。敵軍大亂潰走，被追斬首五千餘級，莎車遂降。龜茲等兵也便各自退散。

「班超從此威震西域（讀史兵略卷七）。」

四　備物原理的運用　第二講所講「備物」的要領，是說謀略戰開始前，應該準備「人物」、「地物」、「財物」和「器物」；而於運用謀略時，應「備」謀略地圖、謀略陣地……等「物」。謀略戰的勝敗，繫於

「備物」的有無、大小和多寡。我們從戰史上找幾個「備物」的戰例。

甲　「盟」　「魯閔公二十二年，周襄王十七年，西元前六三五年，秋，秦晉聯軍征伐鄀國（今河南內鄉）。楚將鬬克，即公子儀，和屈禦寇，即公子邊，率領申、息兩國的兵，戍守析城（內鄉西南境），保衛鄀國的首都——商密。析城在商密的西方。

「秦晉聯軍採用『越城進攻』，秘密地超越了析城，在一個黃昏的時分，包圍了商密。並且綁起本軍兩名駕駛兵，表示這是攻克析城所俘虜的楚將鬬克和屈禦寇。半夜，築起土壇，殺雞歃血，偽裝和鬬、屈訂立盟約。

「商密的守軍，從城頭上看到這種情況，判斷秦晉聯軍業經佔領了析城，俘虜了鬬、屈兩將；而現在兩將又已投降了。析城失守，兩將投降，商密便成為一座孤城，無法固守。商密也便請降了。

「鄀國首都——商密既然淪陷，析城也就不守了。這回，聯軍認眞地俘虜了公子儀和公子邊，安全撤退。楚國元帥子玉雖然出兵追擊；但聯軍已走得很遠了。」

這段戰史裡所「備」的「物」：兩員假將，一個壇，一隻鷄，三份血書；它的戰果：兩座城，兩員將，許多俘虜和財物。

乙 「羅」 「魯昭公二十二年，周景王二十五年，西元前五二〇年，鮮虞叛離了晉國。鮮虞即獵狁，原是白狄的一部，和今天滿洲人血緣最近，在今河北省一帶建國。昭公十二年，晉將荀吳僞裝扮做和齊兵會操，假道鮮虞，侵滅昔陽（河北正定一帶），俘虜了肥君綿皐；十三年，荀吳又侵鮮虞，直撲中人城（河北保定一帶），大獲而歸；十五年，荀吳第三次帥軍伐鮮虞，佔領鼓城（正定一帶），俘虜了鼓君鳶鞮。晉國向宗廟献俘以後，釋放鳶鞮回國；至二十二年，鳶鞮又宣佈民族獨立了。

「六月，荀吳攻略東陽（今太行山以東），派兵僞裝羅米小販，背包裡隱藏着盔甲和兵器，在昔陽城門外邊休息；乘機襲入城內，滅鮮虞，俘鳶鞮，派涉佗監守着他。」

這段戰史裡所「備」的「物」：羅米的工具；它的戰果：一個國族。

丙　「灶」　「周顯王二十八年，西元前三四一年，魏國大將龐涓伐韓；齊國派田忌、田嬰、田盼爲將，孫臏爲參謀長，帥軍救韓，直撲魏國首都；龐涓據報，解兵，離韓，回國，抗齊。

「孫臏命令入魏的齊軍，起灶十萬，東退；明天減爲五萬；後天減爲兩萬（這是「強而示之以弱」）。龐涓行軍三天，看到齊軍軍灶一天比一天減少，大喜說：『我早就知道：齊軍怯入吾地，三天之內，官兵逃亡一半以上了。』遂留下步兵，自率輕銳，急行軍追擊齊軍。

「孫臏計算今天日暮，龐涓率部當經馬陵（今河北省大名附近）。馬陵道路陿仄，兩旁多爲起伏地，可以伏兵。遂斫大樹露出白皮，上寫『龐涓死此樹下！』並選頭等射手萬人，夾道埋伏，令天黑見到火光，萬弩齊發。

「龐涓果然連夜趕來，到大樹下，彷彿看見有字，舉火細看，六字還未讀完；箭如雨下；魏軍大亂，走頭無路。龐涓自知智窮兵敗，大聲叫道：『遂令豎子成名！』自刎而死。齊師乘勝，大破魏兵，俘虜魏惠王的太子申（讀史兵略卷二）。」

這段戰史裏所「備」的「物」：灶、大樹、標語、伏兵；戰果則是：魏國大敗，龐涓死，太子俘。

丁　「城」　「漢景帝前三年，西元前一五四年，七國作亂；景帝派中尉周亞夫爲太尉（上將大元帥），統帥三十六個將軍，往擊吳、楚。

「周元帥引兵由滎陽向東北，屯駐昌邑（今開封東北一二百里），按兵不動。當時吳軍急攻睢陽——梁國的首都；梁國屢次派遣參謀，請求亞夫赴援；亞夫不許。梁國又派代表到景帝處控告；景帝詔令亞夫速救；亞夫拒絕奉詔，堅壘不出。但派弓高侯等將，率輕騎兵出淮泗口（今江蘇淮安），截斷吳、楚的糧道。

「吳兵攻梁都不下，不敢西進；乃改變戰略：進攻亞夫大營；亞夫仍然不戰。吳軍絕糧，官兵苦飢，屢屢挑戰；亞夫置之不理。吳、楚士卒多餓死叛散，不得已南退。亞夫派精兵追擊，大破吳、楚軍。吳王濞棄掉大軍，僅率衛隊數千，半夜逃走；楚王戊自殺（讀史兵略卷三）。」

這段戰史裡，周元帥所「備」的「物」，開頭是一座睢陽城！他運用這座「城」，遲滯西進的吳楚叛軍；接着是一座昌邑壁！他運用這座「壁」，餓散了絕糧的吳楚叛軍。

當一支建制的部隊，進入陣地，所「備」的「物」愈多愈大愈巧，則其所運用以進行的謀略也愈大，對於勝利也愈容易達成。

本講義所採謀略戰史，偏重上古，旨在表彰先帥先將的智慧，引起我們的景慕；也詳談俄日，以提高我們的認識，而知所警戒。自近百年來，藝術化的科學化的戰例，尤足作我們的參考學習，變化應用，惜爲篇幅所限，不能列入了。

著作者：：趙　尺　子
發行者：：好書出版社
定　價：：六　元
中華民國四十八年二月再版
3350——5000